SUSANNE PANTER

Ich spüre das, was ihr nicht sagt

SUSANNE PANTER

Ich spüre das, was ihr nicht sagt

Wunden in der eigenen Familiengeschichte erkennen und Heilung finden

KÖSEL

Für meine Oma Hilde.
Ich hätte dich gerne kennengelernt.

Inhalt

Einleitung

Sie kennen sicher die Suchbilder aus Kinderzeitschriften, die als Zeitvertreib gedacht und deren Motive oft wenig spektakulär sind. Auf den ersten Blick sehen beide Bilder gleich aus, doch in eines der beiden sind mehrere kleine Veränderungen eingearbeitet. Diese gilt es zu finden und einzukreisen. Fühlen Sie sich in dem Bild mit den Veränderungen zu Hause? Oder im Original, im vermeintlich fehlerlosen Bild?

Ich habe diese Bilder als Kind geliebt. Manchmal entdeckte ich die eingezeichneten Veränderungen auf Anhieb. Bei den richtig kniffligen Suchbildern aber war nicht auf den ersten Blick zu erkennen, welches nun das mit und welches das ohne Manipulation war. Es dauerte eine Weile, bis endlich alle vom Original abweichenden Stellen identifiziert und eingekreist waren. So manches Mal war ich drauf und dran aufzugeben, wenn sich die Abweichungen vom Originalbild einfach nicht zeigen wollten. Irgendwann waren jedoch alle Unterschiede gefunden und sobald die beiden Bilder, die sich vorher so glichen, vor mir lagen und die Veränderungen mit einem Kringel markiert waren, empfand ich ein befriedigendes Gefühl.

Heute empfinde ich diese Suchbilder als schöne Metapher für das Leben mit dem Unausgesprochenen und dem Leben nach der Öffnung von Tabus oder der Klärung von Familiengeheimnissen.

Mein Anliegen mit diesem Buch ist es, Sie zu motivieren, nach den Veränderungen in *Ihrem* Bild zu suchen. Ich möchte Sie dazu anregen, den Mut aufzubringen, um jede Abweichung und Ungereimtheit einen Kreis zu zeichnen, sich danach das Bild – *Ihr* Bild – anzuschauen und ein befriedigendes und beruhigendes Gefühl zu genießen.

Beruf kommt von rufen

Ich selbst habe zwei elterliche Scheidungen miterlebt und bin ab dem Teenageralter mit meiner alleinerziehenden Mutter aufgewachsen. Die scheidungsbedingten Kontaktabbrüche waren die ersten beiden Kreise in der Aufarbeitung meiner Familiengeschichte. Mit Anfang dreißig begann meine Arbeit, Menschen dabei zu helfen, ihre biologische Abstammung aufzuklären und den Fragen zu ihrer eigenen und der Biografie ihrer Vorfahren auf den Grund zu gehen.

Ich empfinde es so, dass mein Beruf mich in gewisser Weise gerufen hat, also eine Berufung für mich ist. Hermann Hesse hat in seinem Gedicht »Stufen« den schönen Ausdruck des »Lebens Ruf an uns« geprägt – darin finde ich mich heute sehr gut wieder.

Nach dem Abitur hatte ich nicht die geringste Vorstellung davon, welchen Beruf ich einmal ergreifen wollte. Meine Freundin machte eine Banklehre. »Das kann nicht schaden und dauert nur zwei Jahre«, war mein Gedanke und ich bewarb mich ebenfalls. Nach der abgeschlossenen Ausbildung wusste ich zwar immer noch nicht, was ich zukünftig arbeiten wollte – aber wenigstens, dass Bankkauffrau nicht meine Berufung war. Auch keine der darauffolgenden Arbeitsstellen gab mir beruflich eine Heimat. Ich hatte schon immer den Anspruch, dass meine Arbeit etwas mit *mir* zu tun haben sollte. An meinem Lebensende möchte ich auf meine Arbeit zurückblicken und sagen können, dass sie mich erfüllt hat.

Ich schloss ein Abendstudium zur Kommunikationswirtin ab und da ich immer noch nicht wusste, was mein Beruf werden sollte, folgte darauf ein Jahr Sprachaufenthalt in New York City, denn ordentliches Englisch kann man immer gebrauchen. Dass es meinen Beruf offiziell noch gar nicht gab, wusste ich damals nicht.

Erst mit Anfang dreißig markierte ein Theaterabend mit einer Freundin aus Kindertagen den Beginn meines eigentlichen Berufsweges. Beim Sekt in der Pause fragten wir uns, was unsere früheren Weggefährtinnen und -gefährten wohl heute machten. Wir überlegten, ein Ehemaligentreffen unseres damaligen Kinderladens zu organisieren. So entstand die Idee, dass es eigentlich ein Unternehmen geben müsste, das nicht nur Menschen sucht, die sich aus den Augen verloren haben, sondern auch gleich ihr Wiedersehen organisiert. Also gründete ich Deutschlands ersten privaten Personensuchdienst.

Ein Berliner Stadtmagazin und eine Frauenzeitschrift berichteten über meine Arbeit und als ich in Jürgen Flieges Talkshow eingeladen wurde, folgte ein Auftrag dem nächsten. Doch es waren keine Ehemaligentreffen, die ich auf die Beine stellen sollte – stattdessen bekam ich Aufträge, bei denen Familienangehörige gesucht wurden: Väter, die im Leben meiner Klientinnen und Klienten nie sichtbar gewesen waren, Mütter und Geschwister von Adoptierten. Ohne mir Gedanken über das Warum zu machen, nahm ich mich dieser Themen an.

Dann dauerte es noch einmal 16 Jahre, bis die Herkunftsberatung entstand. Ich bildete mich zur zertifizierten Mediatorin weiter. Heute ist die Herkunftsberatung eine gemeinnützige GmbH.

4500 Geschichten und Schicksale

Mittlerweile sind es gut 4 500 Schicksale, die ich begleiten durfte. Nach und nach wurde mir klar, dass viele der Geschichten meiner Klientinnen und Klienten auch irgendwo in meiner eigenen Familiengeschichte vorkommen: Meine Großeltern väter- und mütterlicherseits wurden vertrieben; in meinen Herkunftssystemen gab es Missbrauch, nichteheliche und wortwörtlich totgeschwiegene verstorbene Kinder, Alkoholismus, tabuisierte Euthanasie im Dritten Reich wegen angeblicher Geisteskrankheit und einen Suizid in den frühen 50er-Jahren, dessen Bugwelle sich bis heute auf meine Familie auswirkt.

Als Kind wurde über die meisten dieser Themen nicht mit mir gesprochen. Deshalb habe ich das Bild meiner Familie früher ganz anders wahrgenommen, als ich es heute tue. Über die Jahre habe ich immer wieder neue Abweichungen gefunden, sie hinterfragt und eingekreist. Mit jedem Kreis fühle ich mich vollständiger.

Viele meiner Klientinnen und Klienten berichten Ähnliches. Einer sagte mir, er fühle sich wie jemand, bei dem ein Stein nicht in Position gelegen habe, aber nun zurechtgerückt worden sei. Ausgesuchte Geschichten meiner Klientinnen und Klienten werden in diesem Buch beschrieben. Zum Schutz ihrer Persönlichkeitsrechte habe ich Namen, Orte und andere personenbezogene Details verfremdet. Wichtig ist mir auch, hervorzuheben, dass mein Buch bei ernsthaften psychischen und physischen Problemen keine Therapie ersetzen kann. Falls sich grundsätzlich oder im Laufe der Lektüre seelische Nöte zeigen, ein Therapieplatz aber kurzfristig nicht zu bekommen ist, finden Sie im Anhang die Telefonnummer der Telefonseelsorge. Dort arbeiten kompetente und geschulte Menschen, die Tag und Nacht gerne Beistand leisten.

»Alles, was nicht gesagt wird, wird übertragen«

Mark Wolynn (2017) zitiert in seinem Buch *Dieser Schmerz ist nicht meiner* den Psychiater und Psychotherapeuten Dr. Naasson Munyandamutsa. Dr. Munyandamutsa stammte aus Ruanda und studierte und arbeitete in der Schweiz. Nach dem schrecklichen Völkermord in Ruanda 1994 mit fast einer Million Opfern in etwa hundert Tagen kehrte er in sein Heimatland zurück, um dort der traumatisierten Bevölkerung zu helfen. Es ist wohl auch seinem Einfluss zu verdanken, dass in Ruanda heute eine Kultur der Verarbeitung statt der Verdrängung zu beobachten ist. Auch ich möchte Menschen beim Verarbeiten ihrer Familiengeschichte unterstützen und sie motivieren, sich mit ihren individuellen Suchbildern zu beschäftigen.

Bei meinen Großeltern wurde eine Kultur des Verdrängens und Verschweigens gepflegt. Nachdem ich verstanden hatte, welche negativen Auswirkungen tabuisierte Familienthemen haben können, wurde mir klar, dass es das Gefühl ist, eine vernebelte Familiengeschichte zu haben, das seit zwanzig Jahren meine Motivation bildet, anderen dabei zu helfen, *ihren* Veränderungen in *ihrem* Bild, in *ihrem* Familiensystem, auf die Spur zu kommen.

Sind Sie vielleicht auch in einem Leben aufgewachsen, in dem auf den ersten Blick alles perfekt aussieht, doch in dem bei genauerer Betrachtung Abweichungen von diesem makellosen Bild deutlich werden? Abweichungen, die durch Geheimnisse, Lügen und Tabus entstanden sind und die man zunächst gar nicht erkennt, die aber irgendwie doch einfach *da* sind, die man nicht sieht, sondern nur *spürt*?

Mit meinem Buch möchte ich denjenigen Mut machen, die erkannt haben, dass in ihrer Familie irgendetwas anders ist, als man ihnen erzählt hat, die sich aber bisher noch nicht getraut haben, die vermuteten Abweichungen mit einem dicken Filzstift einzukreisen. Sind Sie selbst vielleicht schon seit einiger Zeit dabei, mit einem zarten Bleistift auf abweichende Stellen zu deuten? Ziehen Sie den Stift aber immer schnell wieder zurück, wenn Sie auf den geringsten Widerstand stoßen? Wagen Sie es aus Rücksicht auf andere nicht, Lücken zu schließen und mit Unklarheiten aufzuräumen, weil Sie ermahnt wurden, doch bitte keine Unruhe zu stiften? Manchmal sind es sogar Angehörige aus dem Jenseits, die gefühlt mit hochgezogener Augenbraue von oben herabschauen und streng »Na, na …« sagen. Viele meiner Klientinnen und Klienten berichten von halbherzigen Anläufen der Aufklärung, die schon im Keim wieder erstickt wurden – durch ein schlechtes Gewissen oder Skrupel vor tiefergehenden Nachforschungen.

Dieses Buch soll Sie ermutigen und verdeutlichen, weshalb es wichtig ist, sich den abweichenden Stellen in Ihrem eigenen Suchbild zuzuwenden. Mit praktischen Tipps und Beispielen aus 22 Jahren Herkunftsberatung möchte ich zum Gelingen der Aufklärung unausgesprochener Tabus in Ihrer Familie beitragen.

Man bemerkt die Wunde erst, wenn man die Narbe entdeckt

Oft werden unsere Gefühle und Handlungen durch etwas bestimmt, das wir uns nicht erklären können. Dass Sie dieses Buch in den Händen halten und darin lesen, könnte ein Indikator dafür sein, dass etwas auf Sie und Ihre Familie wirkt, das so nicht in Ihrer Familiengeschichte erzählt wird.

Einige wissen genau, wo der Hase in ihrer Familie im Pfeffer liegt. Andere haben nur ein Gefühl. Aber woher soll man wissen, *ob es da etwas gibt?* Wenn die folgenden Sachverhalte auf Sie zutreffen, kann es sein, dass es in Ihrer Familie vielleicht etwas aufzuarbeiten gibt:

- wenn es schwerfällt, Beziehungen zu knüpfen und zu halten;
- wenn es schwerfällt, Nähe zuzulassen und in sie zu vertrauen;
- wenn die Beziehung zu den eigenen Kindern nicht recht gelingen mag;
- wenn Ehen scheitern oder
- berufliches Ankommen unmöglich scheint;
- wenn Sie wenig Selbstvertrauen haben;
- wenn Sie nicht richtig spüren, was Ihnen guttut und was nicht;

- wenn es Ihnen schwerfällt, zu Ihren Bedürfnissen zu stehen;
- wenn Sie es schwer aushalten, kritisiert zu werden;
- wenn Ihnen eine gute Beziehung wichtiger ist als Ihr Selbstwertgefühl, Sie *alles* dafür tun würden, um dazuzugehören;
- wenn es Ihnen schwerfällt, Lob anzunehmen und Sie immer Gründe suchen, warum das Lob vielleicht doch nicht gerechtfertigt sein könnte;
- wenn Sie Liebe nicht mit offenem Herzen einfach annehmen können, sondern nach Hinweisen suchen, dass diese Liebe nicht wirklich ernst gemeint sein kann;
- wenn Sie immer alles unter Kontrolle haben müssen und es Ihnen dadurch schwerfällt, sich zu entspannen;
- wenn Sie Schwierigkeiten haben, sich auf Beziehungen einzulassen;
- wenn Ihnen Anerkennung besonders wichtig ist;
- wenn Sie immer wieder zweifeln, ob Sie wirklich wollen, was Sie tun – oder ob Sie nur die Erwartungen anderer erfüllen.

Eigentlich sollte es gar keinen Bedarf nach diesem Buch und nach meiner Arbeit geben. Geheimnisse und Lügen sollten in keiner Familie Platz haben. Schlimm genug, wenn in Familien Dinge geschehen, die irritierend oder manchmal sogar grausam sind. Wenn diese Vorkommnisse dann aber zum Tabu erklärt werden, verstärkt sich die negative Wirkung, die sie ohnehin schon haben. Ein Tabu über ein schmerzliches Thema zu verhängen, ist auf lange Sicht so nützlich, wie nicht zum Zahnarzt zu gehen, weil man hofft, dass die Zahnschmerzen einfach von selbst verschwinden.

Die Krux ist, dass die Wunden oft erst bemerkt werden, wenn man die Narben entdeckt. Wenn man sich mit ungesunden Mustern beschäftigt und eine Lösung für sie sucht, lenkt das den Blick erst auf das, was man irgendwie schon immer gespürt, sich aber nie zu ergründen getraut hat.

Die Auswirkungen, die ein Tabu haben kann, sind manchmal sogar gesundheitlicher Art und können sich über mehrere Generationen erstrecken. Es gibt Ärzte, die Fragen nach den Vorfahren in ihre Diagnostik einbeziehen. Die Fachärztin für Allgemeinmedizin und Diplom-Biologin Birgit Hickey hat gesundheitliche Probleme in ihrer Praxis schon häufig auf Familiengeheimnisse und Tabus zurückgeführt:

- Schmerzen und andere chronische, das heißt häufig wiederkehrende oder anhaltende, Beschwerden, insbesondere Kopf- oder Rückenschmerzen, Migräne, Asthma oder Allergien;
- körperliche Symptome, die – selbst nach intensiver Diagnostik – keine organischen Ursachen zu haben scheinen, zum Beispiel Herzrhythmusstörungen oder Magen-Darm-Probleme;
- Symptome mit psychischem oder psychosomatischem Hintergrund, die zuvor therapeutisch nicht gelöst werden konnten, beispielsweise Ess- oder Schlafstörungen, Ängste oder Depressionen (Hickey 2022).

Auch ich kenne solche Fälle von chronisch kranken Klientinnen und Klienten. Das betrifft beispielsweise Claudia B., die 1961 geboren wurde, und bei ihrer Großtante aufwuchs. Sie leidet seit ihrer Kindheit an Asthma, ohne dass sie dafür bisher eine Erklärung finden konnte. Anfang der 80er-Jahre erfuhr sie als junge Erwachsene, dass ihre Mutter psychisch beeinträchtigt war. Die Mutter wohnte zeitlebens bei ihren Eltern. Da das Haus angeblich zu klein gewesen sei, habe Claudia nicht dort leben können. Außerdem hieß es, man wolle ihr ihre Mutter nicht »zumuten«.

Wie für viele Kinder, die früh von einem oder beiden Elternteilen getrennt werden, war es für Claudia wichtig, »gehorsam« zu sein. In ihrem Lebensumfeld waren Fragen nach ihren leiblichen Eltern unerwünscht. Daher unternahm sie keine Versuche, ihre Herkunft zu ergründen. Diese Art von Gehorsam ist sehr bequem für die, die ein Tabu pflegen und schützen möchten. Doch aus welchen Gründen begehren Betroffene nicht oder oft erst sehr spät dagegen auf? Die Trennung von der Mutter fühlt sich für einen Säugling an, als sei er der Welt schutzlos ausgeliefert. Er empfindet deshalb buchstäblich Lebensgefahr, wenn er eine solche Trennung durchlebt. Wenn Sie selbst eine solche Erfahrung gemacht haben, wissen Sie, was ich meine: Durch diese prägende erste Lebenserfahrung kommt es vor, dass ein Kind ständig subtil fürchtet, diese erste Erfahrung könnte sich wiederholen: dass es noch einmal von seinen Bezugspersonen, von denen das eigene Überleben abhängt, getrennt werden könnte. Um das zu vermeiden, wird lieber »gehorcht«, werden Erwartungen, die an das Kind gestellt werden, bestmöglich von ihm erfüllt.

Claudias psychisch beeinträchtigte Mutter starb recht jung – zu früh, als dass Claudia die Chance gehabt hätte, sie auf eigene Initiative hin noch persönlich kennenzulernen. Claudia hat eine eigene Familie gegründet und sich nicht weiter mit dem Thema »leibliche Eltern« auseinandergesetzt – sicher auch, weil für sie keine Offenheit dafür seitens ihrer Großtante und der anderen Familienmitglieder zu erkennen war. Doch Anfang Juni 2019 starb ihre Großtante und Claudia wurde ein ganzer Koffer voller Briefe und Dokumente ihrer Mutter ausgehändigt: handschriftliche Notizen, amtliche Schreiben, Fotos mit und ohne Beschriftung, ordentlich gefaltete Briefe und abgerissene Zeitungsausschnitte. Sie hatte den Eindruck, als befinde sich das Leben ihrer fremden Mutter plötzlich in einem Koffer vor ihr – ein Leben, das wahrscheinlich genauso ungeordnet war wie die Archivalien dazu, die jetzt ungefragt und plötzlich in ihren Besitz kamen.

Claudia arbeitete sich Stück für Stück durch den Inhalt dieses Koffers. Mit mir nahm sie Kontakt auf, als sie in einem Dokument gelesen hatte, wie ihr möglicher Vater hieß. In den Papieren fand sie den Schriftverkehr zwischen ihrem Großvater und einem Rechtsanwalt, in dem es darum ging, Unterhaltszahlungen für Claudia zu erwirken. Der Dialog dazu endete, indem der Anwalt schrieb, dass er acht Männer gleichen Namens gefunden habe, die Claudias Vater sein könnten. Weiteres wurde dann offensichtlich nicht unternommen.

40 Jahre später war es nun meine Aufgabe herauszufinden, welcher dieser acht Namensträger Claudias leiblicher Vater war. Meine Klientin und ich gingen bei dieser Recherche gemeinsam einen langen Weg: Über Monate hinweg prüften wir die damaligen Adressen nach der Nähe zum Wohnort der Mutter und fragten, welche der infrage kommenden Männer damals unverheiratet und im ähnlichen Alter wie die Mutter waren. Von dem wahrscheinlichsten Kandidaten konnten wir nur noch die Sterbedaten ermitteln. Allerdings hatte er eine Tochter. Wir schrieben ihr einen Brief, in dem wir die Situation erklärten und fragten, ob sie dazu bereit sei, mit einem DNA-Test zu helfen. Die Tochter willigte ein und war selbst neugierig, ob Claudia und sie tatsächlich denselben Vater hatten.

Seit Claudia den besagten Koffer zum ersten Mal in den Händen gehalten hatte, erlebte sie eine Phase großer Unsicherheit mit Momenten höchster Anspannung. Ihre Motivation und ihr langer Atem, den sie bei all dem zeigte, beeindruckten mich. Während wir auf die Auswertung des DNA-Tests warteten, schrieb sie in einer E-Mail: »Wenn Sie mich fragen, warum ich das alles mache, dann fällt es mir schwer, darauf eine einfache Antwort zu geben. Ich spüre jedoch, dass, wenn ich nichts in der Sache unternehme, eine Lücke beziehungsweise eine Unruhe in mir verbleiben werden, die ich schon viel zu lange ignoriert habe.« Unbewusst wusste Claudia aus meiner Sicht, dass sich Fragen und Wunden in ihrem Leben schließen oder heilen lassen könnten, wenn sie etwas über die Identität ihres leiblichen Vaters, der für sie bisher eine Leerstelle in ihrem Lebens- und Herkunftspuzzle bedeutete, erfahren würde.

Der DNA-Test bestätigte, dass Claudia auf der richtigen Spur war: Sie hatte ihren Vater gefunden. Auch wenn er nicht mehr lebte, konnte sie durch den Kontakt mit seiner Tochter, der sich gut entwickelte, endlich Zugang zu ihren väterlichen Wurzeln finden. Wie sie mir am Telefon berichtete, hatte sie auch in ihrer Asthmaerkrankung Erleichterung erfahren.

Die Silberfäden der DNA

Menschen, die nicht mit beiden Elternteilen aufgewachsen sind, können das Folgende wahrscheinlich problemlos nachvollziehen, andere benötigen etwas mehr Vorstellungsvermögen: Man stelle sich vor, dass aus dem Bauchnabel jedes Menschen zwei unsichtbare Bänder herauswachsen: eins führt zur Mutter, eins zum Vater. Das Band zur Mutter ist gar nicht so abstrakt, denn es ist als Nabelschnur bis kurz nach der Geburt sogar physisch vorhanden. Wenn man sich nun aber vorstellt, dass das Band auch nach der Durchtrennung der Nabelschnur unsichtbar weiter existiert, sind diese Bänder wie Silberfäden. Man kann sie vielleicht auch als »Silberfäden der DNA« bezeichnen. Denn zumindest genetisch ist jeder Mensch mit seinen biologischen Vorfahren verbunden.

Bei manchen Menschen sind beide Bänder, das mütterliche und das väterliche, abgetrennt worden. Bei manchen ist nur ein Band durchtrennt, oft das zum Vater und manchmal auch erst nach einigen Jahren, zum Beispiel durch eine Scheidung. Doch auch wenn das Band physisch durchtrennt wurde, besteht die Verbindung durch den unsichtbaren Silberfaden doch weiter – manchmal »nur« durch die Gene oder durch systemische Prozesse. Unter meinen Klientinnen und Klienten befinden sich einige Menschen, bei denen bereits in vorangegangenen Generationen ein Band durchtrennt wurde. Und obwohl in der Familie eigentlich alles in Ordnung zu sein scheint, wirkt dieser Schnitt wie ein »Phantomschmerz« bis in die späteren Generationen nach. Das lose Ende des Silberfadens webt sich unbemerkt – und nach seinen eigenen Regeln – in das Leben der späteren Generationen hinein. Sie müssen den Faden erst bemerken und sein Muster verstehen, um ihn dann behutsam aufzunehmen und an seinen Platz zu führen.

Wenn Sie an den eingangs beschriebenen Symptomen leiden, möchte ich Sie ermutigen, den Verläufen dieser beiden Silberfäden zu folgen: Wo hat der Faden einen Knoten, den es aufzudröseln gilt? Wo gibt es Schleifen, die von vermeintlich unerfreulichen (aber geradlinigen) Verläufen ablenken sollen? Gibt es gar offene Enden in Ihrem Familiensystem, die wieder miteinander in Verbindung gebracht werden müssen?

Ein Beispiel dafür, dass diese Silberfäden der DNA unsichtbar sichtbar sind, ist die Geschichte von Monika. Sie schrieb in ihrer ersten E-Mail an mich: »Anlass für meine Suche ist die Erfahrung, dass die fehlende Weitergabe der Familiengeschichte von Seiten meiner Mutter zu Belastungen in meinem Familiensystem führte. Diese möchte ich auflösen.« Ihre Tochter habe ein Krebsleiden überwunden und ihre Enkelin leide an einer psychischen Krankheit, die sie mir nicht näher nannte. Sie führte weiter aus, dass sie im Schrank eine Mappe mit einem Bündel vergilbter Papiere gefunden habe, nachdem ihre Mutter verstorben sei: verschlossene Umschläge mit alten Briefen. Ich konnte es gut nachfühlen, als sie mir später in unserem Vorgespräch sagte: »Da muss man sich erstmal überwinden, so einen Umschlag aufzumachen.« Als sie das erste Mal mit mir sprach, berichtete sie, dass ihre Mutter Ingeborg und auch die anderen Verwandten immer erzählt hätten, dass ihre Großmutter Hildegard verstorben sei, als Ingeborg drei Jahre alt war. Durch die entdeckten Papiere entfaltete sich nun ein ganz anderes Bild.

Ihre verstorbene Mutter Ingeborg hatte mit 21 erfahren, dass ihre Mutter 1940 gar nicht verstorben, sondern in eine psychiatrische Anstalt gekommen war. Ingeborg erhielt mit ihrer Volljährigkeit einen amtlichen Brief, in dem sie aufgefordert wurde, Unterhalt für ihre Mutter zu bezahlen, die weiterhin in dieser Einrichtung lebte. Was für ein Schock diese Information für ihre Mutter gewesen sein musste und warum sie nie etwas davon erzählt hatte, blieb meiner Klientin verborgen. Selbst ihren Ehemann, den Vater meiner Klientin, schien Ingeborg in dieses gut gehütete Geheimnis nicht eingeweiht zu haben. Aus den Papieren, die Monika fand, wurde zudem deutlich, dass Ingeborg ihre totgeglaubte beziehungsweise totgeschwiegene Mutter einige Male heimlich in der Psychiatrie besucht haben musste.

Bei meiner Arbeit geht es oft darum, dass Familiensysteme sich neu organisieren: indem ich einem System zugehörige Menschen finde und versuche, sie möglichst behutsam in das System zu integrieren. In Monikas Fall war das Tabu des dauerhaften Psychiatrieaufenthaltes ihrer Oma Hildegard – verbunden mit der Lüge ihres angeblich frühen Todes – nicht die einzige Verstrickung im Familiensystem.

Denn Hildegard hatte einen Bruder: Paul. Der Bruder war, so erzählte man sich, in der DDR geblieben, als die Mauer gebaut wurde. Nach 1961 brach der Kontakt ab, mehr wisse man nicht von ihm, wurde Monika berichtet. Dass Monikas Mutter Paul im Rahmen einer Erbauseinandersetzung 1977 als »seit 1945 verschollen« angegeben hatte und für tot erklären ließ, wurde Monika erst durch die versteckten Papiere eröffnet. Ihre Mutter hatte also ihren eigenen Onkel verleugnet. Zumindest 1961 musste er noch gelebt haben – darin deckten sich die Überlieferungen. Mein Auftrag war es, diesen Bruder, also Monikas Großonkel, zu finden. Einerseits interessierte Monika, ob er davon wusste, dass ihre Mutter, also die Tochter seiner Schwester, ihn kurzerhand für tot erklären ließ, damit sie schneller an einen Erbschein gelangen beziehungsweise das Erbe für sich allein in Anspruch nehmen konnte. Noch wichtiger war ihr aber, zu erfahren, ob er vielleicht noch etwas aus der Zeit berichten konnte, als seine Mutter in die Psychiatrie kam. Seine Erinnerung könnte helfen, so die Hoffnung der Familie, das Trauma zu verarbeiten, das das Tabu um Hildegard ausgelöst hatte. Außerdem wünschte Monika sich, endlich jemanden des mütterlichen Teils der Familie kennenzulernen. Bei Familienfeiern waren die Stühle bisher immer nur mit Angehörigen der väterlichen Seite besetzt.

Das Ergebnis meiner Recherchen für Monika war, dass »Onkel Paul« tatsächlich nicht mehr lebte, allerdings erst 2015 verstorben war. Er hatte drei Töchter, zu denen ich den Kontakt vermitteln konnte. Zudem kam heraus, dass Paul nie etwas von seiner Familie erzählt hatte und seine Töchter sehr darunter litten. Die Fragezeichen, wer die Eltern ihres Vaters waren, irritierten und belasteten sie.

Das Wegfallen einer Mutter beziehungsweise Großmutter hat so gleich zwei Familiensysteme über mehrere Generationen hinweg in Schieflage gebracht – und zwar ohne, dass beide Seiten voneinander wussten. Trotzdem kam durch die Verknüpfung dieser beiden Systeme ein in sich schlüssigeres Ganzes heraus.

Die Wirkung von Tabus und Scham

Nach allem, was mir in meiner Arbeit bisher begegnet ist, lassen sich Tabus und Geheimnisse in die folgenden Kategorien einordnen:

- alles, was mit Sexualität zu tun hat: Einen großen Anteil haben hier nichteheliche oder außerehelich geborene Kinder;
- alles, was mit gescheiterten Beziehungen zusammenhängt: Hierzu zählen neben Scheidung und Trennung auch der Suizid von Angehörigen;
- alles, was mit persönlich empfundener Nichtintegrität zusammenhängt: Darunter fallen Gewalt, Konflikte mit dem Gesetz oder Verstrickungen in ein Unrechtsregime wie das der NS-Zeit oder die Stasiüberwachung in der DDR;
- alles, was mit persönlichen Finanzen zu tun hat – sowohl im Sinne von übermäßig angehäuftem Reichtum als auch im Sinne von Armut, die aus vermeintlich persönlichem Versagen entstanden ist;
- Krankheiten, Süchte und psychische Störungen, die die Teilnahme am gesellschaftlichen Leben beeinträchtigen;
- erlittene (Kriegs-)Traumata, deren Thematisierung als zu schmerzhaft empfunden oder wenn gar eine Retraumatisierung befürchtet wird.

Die Gründe, die zu Verheimlichung und Tabuisierung geführt haben, sind meistens mit einer längeren Leidensgeschichte verbunden: mit einer Leidensgeschichte, die von einer Person nicht zu bewältigen war und in der deshalb an irgendeinem Punkt Scham entstanden ist. Wenn die Scham die Kontrolle übernommen hat, haben Selbstreflexion, Mitgefühl oder Vernunft keine Chance mehr. Scham ist ein sehr zentrales Gefühl. Die wenigsten wissen, dass Scham eigentlich zum Gefühl der Angst gehört – und zwar zur heftigsten ihrer Art: zur Todesangst.

Die Logik dahinter ist einfach:

1. Jemand macht einen Fehler oder erlebt etwas Schlimmes, das in der Gesellschaft nicht adäquat erscheint (oder erscheinen könnte).
2. Er oder sie befürchtet, aufgrund dieser Situation von der Gemeinschaft gemieden oder gar ausgeschlossen zu werden.
3. Die Evolution hat uns gelehrt, dass man allein in der Welt nicht überleben kann. Und bevor man sein Leben in Gefahr bringt, schweigt oder lügt man lieber.

In den Biografien meiner Klientinnen und Klienten finden sich immer wieder Auswirkungen von überfordernden Situationen in vorangegangenen Generationen, die Angst oder Schuld erzeugt haben. Aus Scham haben sie schlussendlich zum Tabu geführt. Es sind die Kinder und Kindeskinder der Betroffenen, die dann ungesunde Muster ausbilden. Überfordernde Gefühle lösen sich nicht in Luft auf, nur weil nicht über sie gesprochen wird – auch nicht, wenn man sie abspaltet, um sie gar nicht mehr zu fühlen. Gefühle, die nicht verarbeitet werden, werden an anderer Stelle sichtbar.

Es gibt zahlreiche Bücher, die sich mit der transgenerationalen Übertragung von Traumata auseinandersetzen, und umfangreiche Forschungen zur Epigenetik – ein relativ neues Fachgebiet der Biologie, das untersucht, wie Umweltfaktoren beeinflussen, ob und wie ein menschliches Gen aktiv wird oder auch nicht.

Prof. Dr. Alon Chen, Direktor des Max-Planck-Instituts für Psychiatrie, sagte dazu in einem Interview mit der Deutschen Welle (Chen/Zhao 2019): »Genauso wie die DNA wird auch die sogenannte ›epigenetische Signatur‹ an folgende Generationen weitergegeben. Zurzeit können diese Merkmale bis zur dritten Generation nachverfolgt werden. Wenn wir uns beispielsweise die dritte Generation von Holocaust-Überlebenden ansehen oder die Enkelkinder von Soldaten aus dem Zweiten Weltkrieg, sehen wir noch immer epigenetische Spuren der Traumata. Diese führen schließlich dazu, dass diese Menschen ängstlicher oder anfälliger für stressbedingte Krankheiten sind.«

Um bei der Metapher des Suchbildes in Heften für Kinder zu bleiben: Wenn Sie spüren, dass etwas fehlt, zum Beispiel eine Information oder eine Person, wenn Sie auch nicht ganz sicher wissen, was *genau* es ist, sollten Sie dem trotzdem nachgehen. Denn wenn Sie das Gefühl haben, dass sich bei einem Ihrer Vorfahren ein Trauma gebildet hat, das nicht aufgelöst werden konnte, ist nicht auszuschließen, dass es sich zu Ihnen durchgearbeitet hat.

Marcel zum Beispiel war völlig ahnungslos, als er mit seiner Frau und seinem damals sechsjährigen Sohn Tim Urlaub auf der Insel Rügen machte. Dort gibt es ein U-Boot-Museum, in das die Familie einen Ausflug unternahm. Tim erkundete neugierig die alten Metall-Kolosse. Erst von außen, dann kletterte er die Stufenleiter hinab ins Innere des U-Boots. Es dauerte nicht lange, bis Tim plötzlich keine Luft mehr zu bekommen schien. Er hatte Schweißausbrüche und nässte ein. Er wollte nur noch aus dem U-Boot raus – eine Panikattacke, wie der herbeigerufene Notarzt diagnostizierte.

Marcel und seine Frau vermuteten, dass ihr Sohn Tim vielleicht klaustrophobisch veranlagt sein könnte. In Fahrstühlen, Höhlen oder anderen beengten Räumen gab es jedoch nie Probleme. Einige Monate später kam Marcels Großcousine zu Besuch. Marcels Opa und ihr Vater waren Brüder. In irgendeinem Zusammenhang kam das Gespräch auf Marcels Großvater. Von ihm wusste Marcel nur, dass er nicht aus dem Krieg zurückgekehrt war. Er sei zur See gefahren, hieß es immer – so hatte Marcel es jedenfalls in Erinnerung. Seine Großcousine erzählte ihm bei diesem Besuch, dass sein Großvater in einem U-Boot ums Leben gekommen sei. In Erinnerung an die Panikattacke seines Sohnes recherchierte er die Militärakte seines Großvaters, um möglichst viel über dessen genaues Schicksal zu erfahren. Der Tod seines Großvaters war in seiner Familie offensichtlich ein so starkes Trauma, dass es nicht zu verarbeiten war. Über die Todesumstände des Großvaters wurde nie gesprochen und das Tabu bahnte sich seinen Weg.

Wenn leise Zweifel auf laute(r) Widerstände stoßen

Meist sind irgendwelche Ungereimtheiten der Anstoß für Nachforschungen. Man wundert sich über eine Aussage, fängt an nachzurechnen, und stellt fest, dass irgendetwas nicht stimmt, dass Erzählungen von Verwandten sich widersprechen. Manchmal sind es Fundstücke wie alte Briefe oder Fotos in Familienalben, auf denen fremde Menschen zu sehen sind, über die aber konsequent nicht gesprochen wird. In einigen Fällen sind es Bluttests, die in irgendeinem medizinischen Zusammenhang durchgeführt wurden und bei denen anhand der Blutgruppe herauskommt, dass eine Verwandtschaft ausgeschlossen ist.

Wenn Menschen auf solche Ungereimtheiten stoßen, fragen sie in der Regel irgendwann nach. Wenn die befragten Mitglieder aus dem Familiensystem bestimmte Zusammenhänge oder Personen aber tabuisieren möchten, reagieren sie darauf häufig recht vehement. Man solle nicht so neugierig sein, es gehe einen nichts an und dergleichen mehr. Meiner Beobachtung nach sind Menschen, die direkt von Familiengeheimnissen betroffen sind, oft sehr zurückhaltend, was die Wahrnehmung ihrer Interessen betrifft. Ihr Unterbewusstsein hat früh gelernt, dass man über ihren Kopf hinweg entscheidet, dass ihre Bedürfnisse nicht ernst genommen werden. Aus dieser Gewohnheit heraus wird oft wieder davon abgelassen, nachzufragen. Doch das Nachdenken und ein komisches Gefühl bleiben, und aus der Ungereimtheit in Kombination mit der ablehnenden Reaktion erwachsen echte Zweifel. Immer wenn ein Mensch aus der betreffenden Familie gestorben ist, ist wieder jemand weggefallen, der das Geheimnis hüten möchte. Für die Betroffenen bedeutet der Verlust solcher Angehöriger auch Hoffnung: Sie können neuen Anlauf nehmen!

Diese Prozesse dauern manchmal Jahrzehnte. Katja beispielsweise wurde in dem Glauben gelassen, dass der Mann, den die Mutter ein Jahr nach der Geburt des Kindes geheiratet hat, ihr Vater sei. Ihr geheimer leiblicher Vater hatte die Familie sogar einmal besucht. Es wurde gesagt, er sei ein Bekannter aus Australien, denn er war inzwischen dorthin ausgewandert.

14 Jahre lang war Katja ahnungslos – bis die Eltern eines Tages eine Besorgung machten und sie im Auto warten musste. Im Handschuhfach lagen üblicherweise Bonbons. Als sie danach suchte, fand sie einen geöffneten Luftpostbrief aus Australien. Sie dachte, dass der sicherlich von dem netten Bekannten sei, den

sie einmal kennengelernt hatte, und las ihn. Aus dem Brief ging hervor, dass Katja die Tochter dieses Bekannten war! Ich war verblüfft, wie sie mit dieser Information umgegangen war. Sie erzählte, dass sich damit einiges für sie erklärt habe: die Gewaltausbrüche des Ehemannes der Mutter, die Kälte. Ihr Gefühl war Erleichterung: »Ich gehöre nicht zu der Familie, in der ich aufwachsen musste.« Ihr wurde auch klar, warum niemand über das Verhalten des Vaters ihr gegenüber sprach! Sie beschreibt ihr Gefühl von damals, nun die Wahrheit zu kennen, eher als Entlastung denn als Belastung.

Sechs weitere Jahre vergingen, ohne dass das Thema angesprochen wurde. Als Katja mit zwanzig heiraten wollte, musste sie wie üblich im Standesamt ihre Abstammungsurkunde vorlegen. In der Abstammungsurkunde stand der Name ihres leiblichen Vaters. Die Mutter wusste das. Deswegen nahm sie sie beiseite und wollte ein klärendes Gespräch mit ihr führen. Katjas Reaktion war für die Mutter überraschend: »Ich weiß es schon!« Damit wurde das Thema wieder unter den Teppich gekehrt und dort belassen. Alles lief weiter wie bisher, niemand sprach je wieder davon. Auch Katja nicht, mit niemandem.

Es hat mich nicht gewundert, als Katja erzählte, dass sie mit Anfang fünfzig nach einem Nervenzusammenbruch einen längeren Klinikaufenthalt hatte. Sehr gewundert hat mich jedoch, dass das Thema der tabuisierten Vaterschaft in der Klinik nicht angesprochen wurde. Wieder sechs Jahre später war Katja sogar in einer psychosomatischen Reha. Aber auch hier kam das Thema nicht zur Sprache.

Ich frage Katja, was sie glaubte, warum die Mutter sie wegen ihres Vaters angelogen hatte. Die Antwort war: »Sie war eine superkorrekte Beamtin. Dass sie nichtehelich schwanger wurde, hatte sie verdrängt.«

Die Erfahrung zu machen, dass einem etwas zentral Wichtiges wie die Informationen zur eigenen Identität vorenthalten wird, stelle ich mir als sehr schmerzhaft vor. In diesem Zusammenhang wird mir die Bedeutung des Wortes *resignieren* wirklich bewusst. Es kommt vom lateinischen *resignare* und bedeutet *verzichten*. Als wie aussichtslos muss man eine Situation empfinden, wenn man darauf verzichtet, ein so wichtiges Thema anzusprechen?

Will man Licht ins Dunkel bringen?

Häufig berichten mir Betroffene, dass es eine lange Phase gab, in der sie die Auswirkung von tabuisierten Themen auf ihr Leben nicht wahrgenommen haben. Oft wird erst genau hingeschaut, wenn es gar nicht mehr anders geht. Bei sehr vielen meiner Klientinnen und Klienten dauerte es lange Jahre, bis nicht mehr geleugnet werden konnte, dass eine zur Adoption freigegebene Schwester einen *doch* interessiert oder dass die ständige Verharmlosung des eigenen Vaters darüber, dass er nicht weiß, wer sein Vater eigentlich war, einen stört, weil man von seinen Ärzten immer wieder nach derselben Erbkrankheit gefragt wird.

Steter Tropfen höhlt den Stein. Zunächst wird ein vager Entschluss gefasst: Man *könnte* versuchen, den Dingen auf den Grund zu gehen, man *muss* es aber nicht. Denn mit dem Entschluss kommen die Zweifel: *Was würde (die längst verstorbene) Omi dazu sagen, wenn ich erforsche, wer der Vater meines Vaters war? Mein Großvater hatte bestimmt gute Gründe, nie über die Behinderung und den frühen Tod von Mamas Schwester zu sprechen. Trete ich meinen Adoptiveltern nicht zu nahe, wenn ich sie nach meinen biologischen Eltern frage? Was mache ich, wenn meine zur Adoption freigegebene Schwester nie erfahren hat, dass sie adoptiert wurde?* So viele Gründe auch gefunden werden, sich des Themas endlich anzunehmen, werden auch genauso viele Gründe gefunden, es lieber sein zu lassen.

Man kann sich den Entscheidungsprozess vielleicht wie eine Wippe vorstellen. Auf der einen Seite stehen:

- die Sehnsucht danach, die Wahrheit zu erfahren,
- die Empörung darüber, dass so wichtige Themen in der Familie einfach ausgeblendet werden,
- das Gefühl, dass es für einen selbst und die Nachkommen wichtig wäre, wenn das Tabu endlich gebrochen und das Geheimnis gelüftet würde.

Auf der anderen Seite der Wippe finden sich:

- Loyalitätskonflikte gegenüber den Angehörigen, die das Tabu pflegen,
- Unsicherheit darüber, ob einem das Ergebnis einer solchen Aufklärung überhaupt guttun würde,
- Sorge, dass die anderen Familienmitglieder einen in dem Anliegen nicht unterstützen und deswegen ablehnen.

Die Wippe wiegt über die Jahre immer wieder hin und her. Mal wiegen die einen Argumente schwerer, mal die anderen. Es ist ein fragiler Prozess, die eigene Familiengeschichte aufzuarbeiten, sich den Familiengeheimnissen, dem Verschwiegenen, wirklich zuzuwenden, um sich damit aussöhnen zu können. Der Prozess verläuft wohl nie linear und ist von vielen Faktoren abhängig.

Es gibt manchmal Anläufe, um dann wieder zurückzuschrecken und die Sache doch lieber auf sich beruhen zu lassen. Die Formulierungen sind unterschiedlich: Von »Es ist mir doch nicht so wichtig« über »Ich möchte niemandem zu nahetreten« bis zu

»Es ist mir viel zu risikoreich, dass ich am Ende etwas herausfinde, das meine Mühe gar nicht wert ist«. Ich habe mich oft gefragt, wie es sein kann, dass man sich des Problems annehmen möchte und später dann doch wieder davor zurückschreckt. Vielleicht kommt es Ihnen bekannt vor, vielleicht stecken Sie selbst in einer solchen Situation und sind sich nicht sicher, wie konsequent Sie das Thema, wegen dem sie dieses Buch in den Händen halten, angehen und verfolgen wollen.

Das erste Hindernis, die eigene Familiengeschichte aufzuarbeiten, ist sicher, sich zunächst einzugestehen, dass es überhaupt etwas aufzuarbeiten gibt. »Bei mir ist alles in Ordnung.« Diese Sichtweise wird oft versucht, so lange wie möglich aufrechtzuerhalten. Nach und nach wird den Betroffenen deutlich, dass es vielleicht doch etwas aufzuarbeiten gibt. Und wenn es an einem Tag völlig klar und deutlich scheint, *dass man da mal etwas aufklären müsste,* ist es am nächsten Tag schon wieder ganz anders. Man fragt Tante Rita zögerlich nach dem Vater von Papa und wird beschwichtigt: »Ach, der Papa hatte doch einen Vater, den Otto. Und auch wenn er nicht der leibliche Vater war, hat er sich doch immer um deinen Vater gekümmert. Es hat deinem Vater wirklich an nichts gefehlt, da kannst du ganz beruhigt sein.« Dann wird vielleicht der Ton auch etwas energischer: »Ich weiß auch nicht, wie deine verstorbene Oma das finden würde, wenn da so nachgebohrt wird. Mit mir hat sie jedenfalls nie darüber gesprochen. Ich weiß auch nicht, ob man da überhaupt irgendwas herausfinden könnte, selbst wenn man wollte. Ich glaube ja eher nicht. Ach, am besten, du lässt die Vergangenheit ruhen, Kind.«

Durch einen solchen Dialog können Menschen resignieren und ihren Wunsch, zu wissen, wer der leibliche Großvater war, für viele Jahre unterdrücken. Erst an Tante Ritas Grab kommt der Gedanke wieder auf, dass nun eine weitere Zeitzeugin gestorben ist, die einem vielleicht dabei hätte helfen können, irgendwann doch noch zu erfahren, wer eigentlich Papas Vater war.

Ähnlichkeiten zum Trauerprozess

Der Prozess, sich der verborgenen Wunden seiner eigenen Familie anzunehmen, hat nach meiner Beobachtung Ähnlichkeiten mit einem Trauerprozess. In Anlehnung an die Erkenntnisse der schweizerisch-US-amerikanischen Psychiaterin und Sterbeforscherin Elisabeth Kübler-Ross († 2004) entwickelte die Schweizer Psychologin Verena Kast (2020) im Jahr 1982 ein vierphasiges Modell der Trauerbewältigung. Grundlage waren die Erkenntnisse des Bindungsforschers John Bowlby sowie die seines Kollegen Colin Murray-Parks. Auch wenn die Modelle sich leicht unterscheiden, wurde bei allen herausgearbeitet, dass der Mensch bei der Konfrontation mit einem schwer zu verarbeitenden Thema verschiedene Phasen durchläuft. Nachfolgend werde ich diese Phasen auf den Prozess anwenden, sich mit Tabuthemen in der eigenen Familie auseinanderzusetzen. Vielleicht entdecken Sie, in welcher Phase Sie sich selbst in Ihrem Prozess der Aufarbeitung befinden. Bei den Phasen gibt es keine festgelegte Reihenfolge. Sie dauern nicht alle gleich lange an und es gibt die Möglichkeit, dass die eine oder andere Phase ausgelassen wird. Es handelt sich zwar eher um ein technisches Modell, aber vielleicht hilft es, sich selbst besser zu verstehen, wenn man sich seinen eigenen Prozess anschaut.

Erste Phase: Nicht-wahrhaben-Wollen

Die erste Phase wird durch ein Gefühl des Nicht-wahrhaben-Wollens bestimmt. Die Wahrheit wird verleugnet. »Was nicht sein darf, kann nicht sein«, ist das Credo und es wird versucht, Belege dafür zu finden, dass man sich geirrt hat, dass nicht stimmt, was einem erzählt wurde. Wenn es die eigenen Gefühle und Muster sind, die einen immer wieder darauf stoßen, dass es da etwas gibt, das man sich genauer anschauen müsste, wird oft versucht, sie zu verleugnen. Ganz nach dem Motto: »Was ich nicht sehe, ist auch nicht da.«

Zweite Phase: aufbrechende Emotionen

In der zweiten Phase wird aus der Verleugnung Erkenntnis und die Wahrheit kann akzeptiert werden. Diese Phase kennzeichnen starke Gefühle: Wut beziehungsweise Zorn, Empörung, Verlassenheitsgefühle und Verzweiflung.

Bezogen auf Familientabus wird zwischen Phase eins und zwei hin- und hergependelt, manchmal über lange Zeit hinweg. Man kann das Thema, durch Wut und Zorn geblendet, häufig nicht nüchtern angehen. Die Wut und der Zorn richten sich dabei einerseits auf die Personen, die das Tabu verursacht oder verhängt haben, teilweise aber auch gegen Väter oder Mütter, die niemals anwesend waren (»Weil mein Vater meine Mutter sitzen gelassen hat, wurde sie depressiv« oder »Weil meine Mutter meinen Vater und mich verlassen hat, musste ich bei Pflegefamilien untergebracht werden«).

Dritte Phase: aktive Auseinandersetzung

Im Trauerprozess nach Verena Kast stellt die aktive Auseinandersetzung die Phase dar, in der die trauernde Person ihre Beziehung zur verstorbenen Person durch die Konfrontation mit der

Wirklichkeit neu definiert (im besten Fall wird sie zum »inneren Begleiter«).

In dieser dritten Phase pendelt man sich zwischen dem Idealbild der verstorbenen Person und eventuell negativen Erfahrungen mit ihr auf ein realistisches Erinnerungsbild ein. Ich übersetze diese Phase für den Prozess des Aufklärens von Verheimlichtem als die *aktive Phase der Aufklärungsarbeit*: den unausgesprochenen Dingen und verheimlichten Fakten auf den Grund zu gehen, die Fakten zu sammeln und für sich zu sortieren und einzuordnen.

Vierte Phase: Neuordnung

In dieser Phase geht es in den ursprünglichen Modellen um die Integration des Verlustes in das eigene Leben. Für den Prozess der Aufklärung von Verschwiegenem würde ich diese Phase als die sehen, in der man die Recherchen abgeschlossen hat. Die gewonnenen Erkenntnisse und, je nachdem, auch neu hinzugewonnene Verwandte wurden in das Leben und den Alltag integriert.

Bei den meisten Herkunftssuchen ist die Trennung von einem der beiden Elternteile in der frühen Kindheit erfolgt – lange vor der Zeit, an die sich Betroffene bewusst erinnern können. Das Kind wächst heran, umgeben von anderen Kindern, die bei ihren leiblichen Eltern aufwachsen und das Leben mit ihren leiblichen Geschwistern teilen. Irgendwann beginnt es zu spüren, dass bei ihm »etwas anders« ist. Fast alle meine Klientinnen und Klienten berichten, dass sie sehr früh ein Gefühl dafür hatten, dass sich ihre Eltern-Kind-Beziehung von denen ihrer Freundinnen und Freunde unterscheidet. Kinder haben sehr feine Antennen, oft viel feinere, als ihre Eltern ihnen zutrauen. Worunter meine Klientinnen und Klienten leiden, ist das Diffuse, das Nicht-Verortbare, das sich aber ständig auf das Leben auswirkt. Oder anders ausgedrückt: Wenn man ein Ereignis als eine Situation definiert, die durch Dynamik oder Veränderung gekennzeichnet ist, muss man sich vorstellen, dass diese Dynamik und Veränderung auch wirken, wenn man das Ereignis gar nicht kennt. Etwas Unbekanntes entfaltet seine Wirkung. Man spürt sie, ohne dass man ihre Ursache kennt; das Sich-nicht-ähnlich-Sehen, die Andeutungen in Gesprächen der Eltern mit eingeweihten Verwandten, die sprichwörtlich vorgehaltene Hand, wenn das Thema auf die biologische Abstammung kommt – sei es nur eine Bemerkung zur Haarfarbe oder der Hinweis auf ein besonderes Verhalten oder eine Vorliebe, die untypisch für die Familie ist, in der man als Kind aufwächst.

Wenn sich das Gehirn selbst widerspricht

Wenn Sie keine dieser zuvor beschriebenen *sichtbaren* Ereignisse erlebt haben, aber dennoch immer das Gefühl hatten oder haben, dass *etwas nicht stimmt,* lässt sich das mit der aktuellen Hirnforschung erklären. Der Mensch erinnert Erlebnisse, Eindrücke, Gerüche, Bilder aus der ganz frühen Kindheit, ja sogar aus der Schwangerschaft, im Langzeitgedächtnis – auch wenn er sie nicht willentlich abrufen und benennen kann, genauso wenig wie ein Mensch willentlich abrufen und benennen kann, welche Einzelbewegungen er durchführt, wenn er einen Ball wirft. Psychologen sprechen hier vom *prozeduralen* oder auch *semantischen* Gedächtnis (Vaas 2000). Hier wird alles *Faktische* gespeichert, aber man hat keinen bewussten Zugang dazu. Es ist quasi eine durch bestimmte Synapsenverschaltungen erzeugte Datensammelstation, die Daten völlig wertfrei sammelt und aufbewahrt: Sei es der Geschmack der ersten genossenen Banane oder eben auch der Anblick des Vaters, der die Mutter verprügelt. Diese neutrale Datensammlung besitzt jeder Mensch. Die Inhalte dieses Speichers sind mal mehr und mal weniger gut vom anderen Teil des Gehirns abgeschottet. Dieser andere Teil des Langzeitgedächtnisses funktioniert durch Sprache und wird deshalb auch erst später gebildet. Es wird *episodisches* oder auch *narratives (erzählendes)* Gedächtnis genannt.

Wenn also nun dieses Gefühl entsteht, dass etwas nicht stimmt, kann es sein, dass im Langzeitgedächtnis Daten abgespeichert sind, über die aber aus irgendeinem Grund nie gesprochen wurde. Üblicherweise findet das, was auf der faktischen Ebene geschieht, seine Entsprechung, indem darüber gesprochen wird. Wenn aber nicht alles, was erlebt wurde, auch erzählt wird, stutzt man innerlich. Als Bild fällt mir das einer Katze ein, die mit einer Kugelbahn spielt: Die Kugel wird oben hineingeworfen, trudelt durch die Bahn und springt am Ende mit einem »Klack« auf den Boden. Das Gefühl ist vielleicht mit dem der Katze zu vergleichen, wenn die Kugel plötzlich steckenbleibt und eben nicht aus der Bahn herauspurzelt. Die Katze wendet sich nach einer Wartezeit dann anderen Themen zu – aber auch bei ihr muss das Gefühl bleiben, dass *irgendetwas nicht stimmt.*

Wenn die Erinnerungen aus diesen beiden Gedächtnisteilen einander widersprechen, dann spürt man das. Erzählt wird: »Du hast immer nur uns als Eltern gehabt.« Unbewusst werden aber der laute Streit erinnert, der darin mündete, dass Papa wutentbrannt und mit laut knallender Tür das Haus verließ und nie mehr wiederkam, oder die kalten Hände der fremden Frau, die einen ins sterile Bettchen des Kinderheimes gelegt hat und ohne Gutenachtkuss verschwand.

Die Betroffenen wachsen mit dem Thema Verlust und Trauer auf. Viele berichten, dass sie ihr Leben lang eine latente Traurigkeit spüren, den Grund dafür aber nicht verstehen. Oft wurde sie als allgemeiner »Weltschmerz« abgetan, der besonders in der Pubertät bei vielen Jugendlichen vorkommt.

Hindernisse und Hürden

Einem Familiengeheimnis auf die Spur zu kommen, kann manchmal so sein, als würde man einer Hydra den Kopf abschlagen: Aus einer entdeckten Unwahrheit wachsen viele weitere nach. Und kaum wurde eine Hürde bei der Aufklärung überwunden, werden hinter dem Überwundenen gleich mehrere neue Hindernisse aufgestellt.

So ging es beispielsweise Peer. Er wuchs in dem Glauben auf, das leibliche Kind seiner Eltern zu sein. Er wusste von ihnen, dass er ihr zweites Kind war. Das erste war in den späten fünfziger Jahren als Frühchen geboren worden. Es war behindert gewesen und nach zweieinhalb Jahren gestorben. Die Mutter hatte seit der Geburt an einer sehr starken Schmerzempfindlichkeit gelitten. Peer hatte sich damals gefragt, wie es möglich gewesen sein konnte, dass sie mit dieser Schmerzempfindlichkeit ein weiteres Kind bekommen hatte. Mit leisen Zweifeln hatte er damals seinen Vater gefragt, ob er denn das leibliche Kind seiner Mutter sei. Das sei er, hatte der Vater geantwortet und zum Beweis auf die Geburtsurkunde verwiesen, in der die Eltern als solche vermerkt waren. Dazu muss man wissen, dass bei Adoptierten zwei Urkunden existieren: eine Geburtsurkunde, die die annehmenden Eltern als Eltern ausweist, und eine sogenannte Abstammungsurkunde, auf der die leiblichen Eltern stehen. Die Geburtsurkunde wird Stellen vorgelegt, die nicht erfahren müssen, dass das Kind adoptiert ist, zum Beispiel Vereinen oder anderen öffentlichen Einrichtungen. Die Abstammungsurkunde hingegen wird zum Beispiel bei Eheschließungen benötigt, damit der Standesbeamte sicher sein kann, dass er keine adoptierten Geschwister miteinander verheiratet. Nicht wissend, dass es diesen Unterschied gibt, wurde an dem Thema zunächst nicht mehr gerührt.

Dann starb Peers Mutter. Zeit seines Lebens hatte Peer ein schwieriges Verhältnis zu ihr gehabt. Sein Vater war in dieser Familienkonstellation für ihn wie ein distanzierter Begleiter, der sich in den vielen Auseinandersetzungen mit der Mutter stets auf ihre Seite gestellt hatte. Das Verhältnis zu ihm wurde mit ihrem Tod noch distanzierter und es verstärkte bei meinem Klienten das Gefühl, dass in seinem Familiengefüge etwas nicht passte.

Nachdem seine Mutter beerdigt worden war, vertraute sich Peer der Schwester seines Vaters an und erzählte ihr von seinen Zweifeln an der Familienkonstellation. Die Tante war Peer gegenüber zwar mitfühlend machte aber nur eine Andeutung und empfahl Peer, sich doch einmal seinen Geburtseintrag im Standesamt seiner Geburtsstadt anzusehen. Peer beantragte ihn und bekam ein Dokument zugeschickt, das seinen Blick auf sein bisheriges Leben radikal verändern sollte. In seinem Geburtseintrag stand der Name einer fremden Frau als Mutter. Am Rand war die Notiz zu sehen, dass er »an Kindes statt« von seinen Eltern angenommen worden war. Also doch! Mit dieser Information konfrontierte er erneut seinen Vater, der sich aber nur sehr zögerlich und verhalten dazu äußern wollte. Das war der Moment, an dem Peer sich an mich gewendet hat. Die Klärung seiner biologischen Abstammung ging von da an sehr schnell, weil er die Suche in professionelle Hände gab. Die emotionale

Aufarbeitung seiner Herkunftsgeschichte dauert jedoch bis heute an.

Andere Menschen erzählen, dass sie selbst ein Thema immer wieder ansprachen, es aber nur des kleinsten Widerstands bedurfte, um das Projekt wieder für Jahre beiseitezulegen. In einigen Fällen begegnen den Betroffenen Hürden, die unüberwindlich scheinen. Das Gefühl der Ohnmacht wird durch Entscheidungen von Amtsträgern manchmal so verstärkt, dass es vielleicht für immer den Antrieb lähmt, die eigene Herkunft aufzuklären.

Das Beispiel von Tobias soll zeigen, welche Hürden in dem emotional sowieso schon anspruchsvollen Prozess manchmal zusätzlich zu überwinden sind: Tobias Mutter hatte bereits zwei Kinder mit ihrem Mann, als sie Tobias Vater kennenlernte. Er war verheiratet, hatte ebenfalls zwei Kinder und lebte gerade in Trennung. Als Tobias noch ein Baby war, focht der Ehemann der Mutter die Vaterschaft an – mit Erfolg. Nachdem die Ehe geschieden wurde, lebte die Mutter alleinerziehend und war berufstätig. Sie bekam sogar noch ein weiteres nichteheliches Kind, erzählte Tobias im Vorgespräch. Ich war beeindruckt. Damals gab es noch kein Unterstützungsangebot für Alleinerziehende. Als Tobias anfing, nach seinem Vater zu fragen, spürte er diese unsichtbare Mauer: Es war ein unliebsames Thema – Tobias aber war selbstbewusst genug, immer wieder nachzufragen. Nach und nach bekam er Details heraus, die mich später in die Lage versetzten, seinen Vater zu suchen. Leider musste ich herausfinden, dass er schon mit 53 Jahren verstorben war. Tobias war natürlich enttäuscht und traurig, dass er zu spät kam und ihn niemals kennenlernen konnte. Zusätzlich drängte in ihm die Frage an die Oberfläche, woran er wohl verstorben war. Gab es eventuell eine Erbkrankheit, von der er und später vielleicht auch seine Kinder betroffen sein könnten? Eine Suche ist mit der Information über den Tod der gesuchten Person in der Regel nicht zu Ende. Nun ging es darum herauszufinden, wo die anderen Kinder des Verstorbenen lebten. Sie waren nur ein, zwei Jahre älter als Tobias. Sie könnten ihm erzählen, was für ein Mensch sein Vater und was die Ursache seines frühen Todes gewesen war.

Der Ritt durch den Verwaltungsdschungel führte zum Sterbeeintrag von Tobias Vater, den das damals zuständige Standesamt angelegt hatte: die Akte mit der Sterbeurkunde. Hier waren die damaligen Ansprechpartner vermerkt – hoffentlich eines der Kinder. Da der Todesfall schon so lange zurücklag, waren die Akten schon vom Standesamt an das Archiv übergeben worden – was gut war, denn im Standesamt hätte Tobias beweisen müssen, dass er das Kind seines Vaters war. Da der Vater nicht in seine Geburtsurkunde eingetragen worden war, wäre ihm das nicht möglich gewesen. Im Archiv jedoch sind die Regeln nicht so streng, hier genügt es, wenn man das sogenannte »berechtigte Interesse« nachweisen kann. Mehr über seinen Vater herausfinden zu wollen, dürfte als Interesse ausreichen. Doch wie sollten wir nachweisen, dass Tobias Vater tatsächlich sein Vater war?

Tobias hatte das Glück, dass das Jugendamt seine Vormundschaftsakte archiviert hatte. Damals war es üblich, dass Alleinerziehende nicht das alleinige Sorgerecht bekamen, sondern der Staat als Vormund kontrollierte, dass es den Kindern bei ihren Müttern gut ging. Dass es die Akte dazu noch gab, war ein seltenes Glück, nicht immer werden sie so lange aufbewahrt. Die meisten Vormundschaftsakten werden nach Ablauf der Aufbewahrungsfrist von nur zehn Jahren nach Volljährigkeit vernichtet. Bei seiner Akteneinsicht im Jugendamt konnte Tobias den Schriftverkehr lesen, der damals zu seiner Geburt geführt wurde. Der Akte lag eine Telefonnotiz bei, die die damalige Sachbearbeiterin aufgeschrieben hatte. Die Notiz entstand im Sommer 1983. Die Mutter hatte angerufen und über ihre Situation gesprochen. Tobias Vater habe sich nicht mehr bei ihr gemeldet, seit sie ihm von Tobias Geburt berichtet habe. Sie nannte in dem Telefonat seinen Namen und seinen Beruf und wo er mit seiner damaligen »Noch-Familie« gewohnt hatte. Ob die Mitarbeiterin sich, als sie das alles aufschrieb und abheftete, darüber bewusst war, wie wichtig diese Informationen für Tobias später einmal sein würden?

Um an die Information aus dem Standesamt zu gelangen, wäre eine Bestätigung des Jugendamtes, dass diese Notiz in der Akte lag, der nötige Beweis für sein »berechtigtes Interesse« gewesen. Diese Bestätigung wurde ihm aber nicht gegeben. Das Jugendamt hätte die Notiz bei der Akteneinsicht nicht ungeschwärzt zeigen dürfen, hieß es als Begründung.

Mitarbeitende von Behörden sind sich nicht darüber bewusst, dass Betroffene unter Umständen um Jahrzehnte zurückgeworfen werden, wenn ihnen bei ihrer Suche Steine in den Weg gelegt werden. Die Betroffenen machen sich schweren Herzens daran, ihre Abstammung aufzuklären. Ein noch so kleiner Kiesel kann sie dazu bringen, den mühsamen Weg abzubrechen. Sie finden erst nach vielen Jahren den Mut, den Faden wieder aufzunehmen. In vielen Fällen ist dann statt eines persönlichen Kennenlernens der leiblichen Eltern nur noch ein Besuch am Grab möglich.

So mancher, der Licht ins Dunkel seiner Familiengeschichte bringen möchte, geht mit einer viel zu kleinen Taschenlampe los, um den großen dunklen Raum mit Licht zu füllen. In einigen Fällen benötigen Betroffene wie Peer oder Tobias den stärksten Baustrahler, der jedem Versuch einer Verdunkelung trotzen kann.

Die Suche nach der eigenen Identität

Das Wort Identität stammt vom lateinischen idem, wörtlich übersetzt: derselbe, dieselbe, dasselbe, ab. Bei Eltern- oder Wurzelsuchen wird deshalb auch von »Identitätssuche« gesprochen. Ich finde das Wort einerseits treffend, andererseits aber auch irreführend. Wenn man den Menschen über die reine Biologie definiert, ist der Begriff Identitätssuche treffend. Aber Menschen, die in einem Umfeld aufwachsen, das nicht ihrem biologischen Ursprung entspricht, haben ja trotzdem eine Identität. Gerade Eltern, die ihre Kinder auf einem nicht natürlichen Weg bekommen haben, haben oft einen ausgeprägten Familiensinn. Gute Gewohnheiten wie das gemeinsame Essen, die regelmäßigen gemeinsamen Urlaube und das Einstehen füreinander, wenn es darauf ankommt, sind in diesen Familien häufig besonders wichtige Werte. Wenn sich die Eltern-Kind-Bindung gut und gesund entwickelt hat, wirkt eine immerwährend spürbare, bedingungslose Liebe. In diesen Familien gilt das Credo: »Ja, Blut ist dicker als Wasser, aber Menschen bestehen zu 90 Prozent aus Wasser!« Durch dieses starke Zusammengehörigkeitsgefühl entsteht meines Erachtens auch Identität. Nicht leibliche Kinder gleichen ihren Eltern oft in ihren Ansichten und Werten. Auch Gewohnheiten werden übernommen, manchmal gleichen sich Eltern und Kinder sogar optisch, obwohl keine genetische Verwandtschaft vorliegt. Entweder weil sich Gestik und Mimik angeglichen haben oder auch weil der Geschmack, das Gefühl für Stil und Ästhetik sich ähneln.

Die besondere Situation von Adoptierten

Die Suche nach leiblichen Eltern gehört zu den stärksten und auch am häufigsten vorkommenden Tabuthemen in meinem Arbeitsalltag, sicher weil es in der Gesellschaft sehr verbreitete Phänomene sind. Da Adoptierte sich in einer so besonderen Situation befinden, gehe ich hier genauer auf sie ein.

Seine biologische Familie suchen zu müssen, ist ein natürliches Paradox. Es ist von der Natur vorgesehen, dass ein Kind vom Mann gezeugt, von der Mutter ausgetragen und von beiden versorgt wird, sobald es entbunden wurde. Jedes Kind kommt demnach in der unbewussten *Erwartung* auf die Welt, dass dieses natürliche Programm nach der Entbindung abläuft.

Die Forscherin Jean Liedloff beschreibt Mitte der 1970er-Jahre in ihrem Buch *Auf der Suche nach dem verlorenen Glück*, dass die frühe Kindheit idealerweise einen erweiterten Uterus darstellen solle. Den Zustand, in dem Kinder bestmöglich aufwachsen sollten, nennt sie »Kontinuum«: eine elterliche Umgebung, in der das Kind so viel getragen wird wie möglich und jeder Äußerung seiner Bedürfnisse unmittelbar und liebevoll nachgekommen wird.

Deshalb stellt sich besonders für Adoptierte die Identitätsfrage, weil sie von Anfang an von gleich beiden Elternteilen getrennt wurden. Die Erkenntnis, seine Eltern suchen zu müssen, ist ein extremes *Seelisch-gegen-den-Strich-gebürstet-Werden*. Kein Mensch würde von selbst auf die Idee kommen, dass eine Suche nach den leiblichen Eltern überhaupt jemals irgendwo vorkommen könnte. Wasser fließt den Berg hinab und Kinder werden durch den Menschen versorgt, der sie geboren hat. Die Kraft, die aufgewendet werden muss, um einen Wasserlauf der Fließrichtung entgegen den Berg hinauf fließen zu lassen, muss in etwa dem emotionalen Widerstand eines Kindes entsprechen, seine Eltern suchen zu müssen.

Tabu: ungewollte Kinderlosigkeit

Adoptiveltern sind meist Eltern mit extremem Kinderwunsch. Aus irgendeinem Grund kann das Paar aber keine eigenen Kinder bekommen und entscheidet sich nach einem langen Leidensweg dafür, ein fremdes Kind aufzunehmen. In ganz seltenen Fällen nur ist einer Adoption kein unerfüllter Kinderwunsch vorangegangen.

Ungewollte Kinderlosigkeit ist bis heute in unserer Gesellschaft ein Tabuthema. Paare, bei denen der Nachwuchs ausbleibt, müssen meist sehr viel aushalten: angefangen von der mal mehr, mal weniger offensiven Erwartungshaltung des familiären Umfeldes über gut gemeinte Ratschläge von *sich einfach lockermachen* über die klassische Kinderwunschbehandlung bis hin zu esoterischen Wunderkuren. Kinderlose Paare haben oft so einiges durchgemacht.

Die Adoptionsvermittlungsstellen haben bis in die 1990er-Jahre teilweise wenig Aufklärungsarbeit geleistet. Adoptionsbewerberinnen und -bewerber daraufhin zu prüfen, ob sie die nötige Trauerarbeit über den ausbleibenden Nachwuchs geleistet haben, war nicht vorgesehen. Die Vorstellung davon, welche Bedürfnisse ein Kind hat, war daran orientiert, welche Bedürfnisse ein leibliches Kind hat. *Kind ist Kind*, war die Devise. Dass ein adoptierter Säugling zunächst ganz andere Bedürfnisse hat als ein leibliches Kind, weil er in Trauer ist, weil er seine leibliche Mutter und damit seine gewohnte Umgebung (Stimme, Körperwärme der leiblichen Mutter) verloren hat, wurde nicht gesehen.

Den Fehler bei sich selbst verorten

Wenn Adoptierte nicht über ihre Adoption aufgeklärt wurden, entsteht bei ihnen das unbestimmte Gefühl, dass *mit einem selbst etwas nicht ganz richtig sein kann*. Man muss sehen, dass adoptierte Kinder faktisch ihre Mutter verloren haben. Der Schmerz ist genauso groß, als sei sie gestorben. Wäre sie tatsächlich tot, würde das Umfeld deswegen großes Mitgefühl zeigen. Bei einer Adoption jedoch kommt das Baby in eine geradezu glückselige Atmosphäre: Das ungewollt kinderlose Paar hat nun endlich das lang ersehnte Baby! Der Säugling steckt jedoch gerade mitten im Trauerprozess und kann seine Gefühle im Außen nicht wiederfinden. Die Erfahrung, so gar keine Resonanz für die ersten Gefühle, die zusätzlich auch noch überwältigend traurig sind, zu erfahren, hinterlässt den Eindruck, dass mit den eigenen Gefühlen irgendetwas nicht stimmt.

Wenn man später über andere Hinweise wie zum Beispiel mangelnde optische Ähnlichkeit oder Andeutungen aus dem Bekannten- und Verwandtenkreis eigentlich stutzig werden müsste, ist die erste Reaktion leider zunächst ein erlerntes Misstrauen gegenüber den eigenen Gefühlen. Es ist manchmal beeindruckend, wie sehr sich Menschen ihre Wahrheit zurechtlegen und alles dafür tun, ihren Zweifeln nicht nachzugehen.

Und wenn man doch meinen sollte, dass der Moment, in dem die Wahrheit entdeckt oder ausgesprochen wird, ein schmerzvoller Schock sein müsste, wird vielmehr berichtet, dass er eine Erleichterung bedeutet: Erleichterung darüber, dass sich nun endlich bestätigt, was man ohnehin schon immer irgendwie gespürt hat. Die unbewussten Erinnerungen können aus der ungeordneten Datensammelstation in eine bewusste und erzählbare Struktur gebracht werden. Dadurch verlieren die in der Datensammelstation noch als *bedrohlich* abgespeicherten Erinnerungen ihre destruktive Kraft.

Loyalitätskonflikte und die Angst vor Ablehnung

Ob es etwas Ambivalenteres gibt, als mit Eltern aufzuwachsen, die nicht oder teilweise nicht die leiblichen Eltern sind und daraus ein Geheimnis machen? Ihre Kindheit beschreiben meine adoptierten Klientinnen und Klienten in den allermeisten Fällen als besonders behütet und unbeschwert – eine natürliche Konsequenz von Adoptionen. Nach einem langen Leidensweg ist der größte Wunsch in Erfüllung gegangen: das Kind als das größte Glück und Fixstern im Universum zweier Menschen, die ihre Lebensentwürfe zu 110 Prozent darauf ausgerichtet haben, ihm die bestmögliche Basis für sein Leben zu sein. In diesem Kokon der Zufriedenheit ist kein Platz für Zweifel, und kein Kind hinterfragt ohne Anlass die Elternschaft. Genauso könnte ja auch ein Fisch sich fragen, ob er vielleicht lieber an Land leben möchte. Die Eltern wiederum haben in früheren Jahren oft das Konzept verfolgt, zu warten, bis das Kind Fragen stellt, »alt genug« ist, oder insgeheim gehofft, dass die biologische Elternschaft nie eine Rolle für das Kind spielen würde, da es ihm ja nie an etwas gefehlt hat. Und doch ist es einfach so, dass die allererste Erfahrung im Leben aus Trennung und Verlust bestand.

Bei Adoptierten, die nicht oder spät über ihre Adoption aufgeklärt wurden, ist oft der Tod der annehmenden Eltern der Anlass, mit einer Herkunftssuche zu beginnen. Damit fällt der Loyalitätskonflikt weg, der die Suche bis dahin verhindert hat. Aber auch die Gründung einer eigenen Familie stellt oft den Startpunkt einer Herkunftssuche dar. Manchmal fragt der Ehepartner danach, appelliert geradezu daran, zu erforschen, wessen Gene an den eigenen Nachwuchs vererbt werden.

Das fortschreitende eigene Alter ist ebenfalls oft ein ständig mahnender Begleiter bei der Frage nach der Aufklärung der eigenen Abstammung. *Bald lebt mein Vater/meine Mutter vielleicht nicht mehr. Jetzt wird es allerhöchste Zeit,* höre ich meine Klientinnen und Klienten oft sagen.

Leben die sozialen Eltern noch, sollen sie häufig ausdrücklich nichts von der Suche nach den leiblichen Eltern erfahren. Viele Adoptierte möchten sie schonen. Sie möchten sie nicht beunruhigen und ihnen auf gar keinen Fall das Gefühl geben, dass man die Bindung zu ihnen vielleicht infrage stellen könnte. Einerseits ist diese Rücksichtnahme vielleicht unverständlich: Das Kind wird geboren, oft nach einer Schwangerschaft unter ungünstigen Bedingungen. Die Wunde, die die schmerzvolle Trennung von der leiblichen Mutter hinterlassen hat, wurde nicht gesehen und erst recht nicht behandelt. Durch die frühere Beratungspraxis der Jugendämter, die es einfach noch nicht besser wussten, wurden die Kinder über ihre biologische Herkunft im Unklaren gelassen, anstatt von Anfang an darüber aufgeklärt zu werden. Ihnen wurde schlichtweg *Unrecht* angetan. Dennoch wird auf die sozialen Eltern so unglaublich viel Rücksicht genommen.

Andererseits aber kann diese Haltung doch nachvollzogen werden. Adoptiveltern oder auch leibliche Mütter, die den Kontakt zum leiblichen Vater unterbinden, wissen nicht, dass eine Suche nach den biologischen Wurzeln nichts mit *Bindung* zu tun haben muss. Für sie steht die Angst im Vordergrund, dass sie ihr Kind an die leiblichen Eltern verlieren. Diese Angst spüren die betroffenen Kinder. Weder die Eltern noch die Kinder haben vielleicht je etwas von *Bindungsforschung* gehört. Dass der beschriebene Silberfaden zu den leiblichen Eltern nicht unbedingt mit Emotionen aufgeladen sein muss, ist ihnen unbegreiflich. Sie können nicht glauben, dass die Liebe zu den sozialen von einer Suche nach den leiblichen Eltern völlig unberührt sein kann. Dass es die Liebe sogar stärken könnte, wenn die Suche nach den biologischen Vorfahren aktiv gefördert und unterstützt würde, übersteigt ihre Vorstellungskraft.

Ein weiterer Grund, aus dem Betroffene sich nicht auf den Weg der aktiven Suche machen, liegt in der Angst davor, abgelehnt zu werden. Jedenfalls berichten meine Klientinnen und Klienten davon, dass sie diese Angst immer wieder gespürt haben. Das ist naheliegend, denn es ist schließlich Fakt, dass man als Baby *weggegeben* wurde. Bei jeder Suche besteht die Wahrscheinlichkeit, dass die gesuchte Person den Kontaktwunsch nicht erwidert. Wenn das passiert, die gesuchte Mutter oder der gesuchte Vater sich nicht oder negativ äußert, ist das eine *doppelte Kränkung*. Die erste Kränkung ist die, *nicht gewollt* oder *abgegeben worden* zu sein. Wenn der Kontaktwunsch nach einer, vielleicht auch noch aufwendigen, Suche abgelehnt wird, können sich die erste Kränkung und der Schmerz darüber verstärken. Die Erinnerung an die alte Wunde, die als Säugling oder Kind entstanden ist, wird präsenter. In vielen Fällen wurde das alte Trauma der frühen Trennung nicht aufgelöst. In einigen ist es den Betroffenen nicht einmal bewusst. Man kann dieser Angst vor Ablehnung nicht rational begegnen, wenn das Trauma der frühen Trennung nicht aufgelöst wurde. Diese Angst ist fast so irrational wie die Angst vor dem Zahnarzt. Ich wähle diesen Vergleich ganz bewusst. Die Neurowissenschaftler Spitzer und Bonenberger (2012) haben herausgefunden, dass die Angst vor sozialer Ablehnung dasselbe Schmerzzentrum im Gehirn anspricht, das beim Erleben von körperlichem Schmerz aktiviert wird.

Deshalb ist es oft ein sehr langer Weg, sich einzugestehen, dass es in der eigenen Familie etwas zu geben scheint, das nicht so ist wie bei anderen. Es ist ein Puzzle, bei dem man meint, man puzzelt an demselben Bild wie alle anderen Familienmitglieder und plötzlich stellt man fest, dass ganz wesentliche Teile anders aussehen und das Gesamtbild ein völlig anderes ergibt als das der anderen. Dann erst schaut man sich um und sucht Bilder, die Ähnlichkeit mit dem eigenen haben. Ist diese Differenz einmal erkannt, betrachtet man, wie andere mit den Dingen, die man selbst als *anders* ausgemacht hat, umgegangen sind oder umgehen.

Der US-amerikanische Psychotherapeut Joe Soll wurde selbst adoptiert und durch seine annehmenden Eltern nicht aufgeklärt. Erst durch seine Schwester erfuhr er von seiner Adoption. Er beschreibt in seinem Buch *Heilungsprozess für Adoptierte* (2015) das Grundgefühl des Adoptiertseins so, als würde man zu einem Zeitpunkt auf eine Bühne kommen, wenn das Theaterstück schon begonnen hat. Man erfährt erst nach und nach, welche Rolle man in dem Stück spielt und was das eigentlich für ein Stück ist. Das »eigene« Stück, in dem man vorher seine Rolle hatte, die eigene Vergangenheit, kommt in diesem neuen Stück nicht vor. Allerdings hat man die Erlebnisse auf dieser »anderen Bühne« noch frisch in den Knochen. Man hat das Stück gerade erst gewechselt. Nehmen wir zwei Beispielstücke: Hänsel und Gretel und Aschenputtel. Gretel hat sich mit ihrem Bruder Hänsel im Wald verirrt und sie entdecken ein Pfefferkuchenhaus. Gretel erlebt, wie die böse Hexe ihren Bruder in einen Käfig sperrt und sieht die Hexe täglich prüfen, ob er schon fett genug für die Schlachtung ist. Über diesen Schreck wird sie ohnmächtig und wacht plötzlich auf einer Bühne auf, auf der gerade Aschenputtel läuft. Sie spürt, wie ihr ein Schuh angezogen wird, und erfährt, dass sie nun die Braut und zukünftige Frau des Prinzen spielen soll. Von Hänsel spricht kein Mensch mehr. Ihre Allergie gegen Lebkuchen wird bemerkt, aber nicht hinterfragt. Ihre Sorge um ihren Bruder, der vielleicht schon von der Hexe verspeist worden ist, geht im Getöse der Hochzeitsvorbereitungen unter. Und als sie als Königin schließlich neben ihrem Gemahl auf dem Thron sitzt, ist sie davon überzeugt, dass die Geschichte von der bösen Hexe nur ein Märchen sein muss, über das man hier bei Hofe nicht spricht.

Bei vielen Adoptierten, besonders wenn sie auf eine im Großen und Ganzen glückliche Kindheit zurückblicken, wird das Thema ihrer Herkunft erst einmal weit weggeschoben. *Meine Eltern sind meine Eltern.* Man ist hundertprozentig einverstanden mit ihnen und möchte sich gar nicht damit auseinandersetzen, dass die emotionale von der biologischen Elternschaft abweicht. Bei vielen tritt das Thema lange vollständig in den Hintergrund. Weil man ja eine glückliche Kindheit hatte, wird das Thema bagatellisiert: *Worauf es ankommt, ist das Hier und Heute und sonst nichts!*

Trotzdem – um beim Hänsel-und-Gretel-Thema zu bleiben – wirkt sich die alte Rolle im Prinzessinnenleben ungewollt aus. Weihnachten hasst Gretel jedes Jahr mehr, weil ihr vom Geruch nach Zimt, Nelken und Anis regelmäßig schlecht wird. Mit ihrem Prinzen ist sie von Anfang an nicht richtig warm geworden. Eigentlich hat er sich auch eher als Kröte entpuppt: Er stellt jeder Frau nach, die nicht bei drei auf den Bäumen ist. Nur ihr gemeinsames Kind tröstet sie über die trüben Tage im Schloss hinweg. Doch schon bald fällt es ihr schwerer und schwerer, das Kind nicht mit ihrer Liebe zu erdrücken. Als ihre Ehe zu zerbrechen droht und ihr Kind anfängt, sich von ihr abzuwenden, beschließt sie, eine Therapie zu beginnen.

Was hier halb im Spaß beschrieben wird, ist ein Muster, das sich bei meinen Klientinnen und Klienten so oder so ähnlich zeigen kann. Der Schmerz über die tabuisierten Bereiche im Leben bahnt sich seinen Weg und zwingt sie förmlich hinzuschauen.

Adoptiert gleich traumatisiert?

Ein Kind wird schon vor der Fahrt in den Kreißsaal oder ins Geburtshaus gefüttert, gewärmt und im positiven Fall auch geliebt. So wie sich pränataler Stress auf hormoneller Ebene auf das Kind überträgt, empfängt das Kind auch das Gefühl der Liebe durch die Bindungshormone. Darauf, dass eine Bindung schon *vor* der Geburt entstanden ist, deutet schon das Wort *Entbindung* hin. Entstanden ist es wohl im Wesentlichen im medizinischen Sinn mit Blick auf die Durchtrennung der Nabelschnur. Doch Neurobiologen und -biologinnen sowie Pränatalforscher und -forscherinnen wie Ludwig Janus (Levend/Janus 2000), Gerald Hüther und Inge Krens (Hüther/Krens 2007) sehen eine weit über die Nabelschnur hinausgehende pränatale Bindung.

Wird ein Kind also nach der Geburt von seiner leiblichen Mutter getrennt, *macht das etwas* mit ihm: Eine psychische Wunde entsteht – und, wenn sie unbehandelt bleibt, auch ein Trauma. Eine Trennung von der Mutter bedeutet höchsten Alarmzustand für ein Neugeborenes. Es hat sogar Todesangst! Denn das gerade geborene Wesen kann noch nicht abstrahieren, dass sich viele Pflegekräfte, Ärztinnen und Ärzte um sein Wohlergehen kümmern. Es versteht nicht, dass es bald zu neuen Eltern kommen wird und eigentlich in Sicherheit ist. Es nimmt wahr, dass nicht nur die schützende Hülle des Uterus weg ist, sondern zusätzlich die vertraute und schutzgebende Stimme, der Herzschlag, der Geruch und die Körperwärme der Mutter, die der Garant für ein Überleben nach der Geburt ist. Mutter weg gleich Leben weg, so die einfache Gleichung eines Neugeborenen. Angenommen, ein Kind wurde sofort nach der Geburt von der liebevollsten Familie adoptiert, es durfte die schönste Kindheit erleben, die man sich nur wünschen kann, so hat es die oben beschriebene, dramatische Situation der Todesangst doch erlebt – und in seinen Zellen abgespeichert. Die natürliche Reaktion eines Menschen in Todesangst ist entweder Kampf oder Flucht. Da dem Neugeborenen beide Möglichkeiten verwehrt sind, *erstarren* körperliches Gewebe und Nervensystem. Diese Erstarrung wird *Trauma* genannt.

Dass sich diesen erlebten Traumata aktiv zugewendet werden muss, um sie auflösen zu können, ist wenigen bewusst. Erst in den 1950er-Jahren setzten sich erste Forschungen zum Thema Bindung und Trauma mit den Arbeiten von John Bowlby, einem Pionier der Bindungsforschung, im angloamerikanischen Raum durch. Nach und nach kamen Methoden wie das vom amerikanischen Psychotraumatologen Peter Levine entwickelte »Somatic Experiencing« und die vom Psychologen und Somatic-Experiencing-Trainer Laurence Heller entwickelte bindungsorientierte Traumatherapie, das Neuro-Affective-Relational-Model (NARM), auch in Deutschland an. Bei diesen Methoden wird die Erstarrung der Teile des Nervensystems, die durch das Trauma erfolgt sind, wieder *entladen/aufgetaut*. Somatic Experiencing an einem einfachen Beispiel erklärt:

Monika kam mit zwei Jahren in eine Adoptivfamilie. Sie wurde gleich nach der Geburt in einem Kinderheim untergebracht. Die

Trennung von ihrer Mutter, der Transport von fremden Menschen in eine fremde Umgebung, in der sie nur alle ein bis zwei Stunden das fremde Gesicht einer Krankenschwester sah, wurde von Monika als lebensbedrohlich empfunden. Da sie weder fliehen noch kämpfen konnte, bildete sich ein Trauma. Das trug sie ihr Leben lang mit sich. Sie berichtete, dass sie sich bei Aufgaben, die anderen leichtfielen, schnell überfordert fühlte.

Der Schock über das plötzliche schutzlose Ausgeliefertsein blieb in Monika ihr Leben lang eingefroren. Warum? Weil niemand sie in ihrer Todesangst auffing. Sie schrie, wie alle Babys schreien. Nur wurde sie nicht hochgenommen, sondern musste erkennen, dass niemand kommt. Sie wurde nicht beruhigt und so erstarrte sie. Jahrzehnte später durchlief Monika die Geschichte mit ihrer Somatic-Experiencing-Therapeutin noch einmal. Die Therapeutin führte sie in die Situation im Kinderheim zurück und übernahm die Rolle der sorgenden Person, die damals fehlte. Sie hielt Monikas Kopf an der Stelle, an der das Köpfchen eines Säuglings gehalten wird und sagte tröstende Worte. Monika entspannte sich nach und nach und fühlte sich sicher und geborgen. Sie begann zu spüren, dass sie die als lebensbedrohlich empfundene Situation überlebt hat und mithilfe der wahrgenommenen Wärme der Hände der Therapeutin konnte sich die damals erstarrte Energie in ihr wieder lösen.

Es gibt noch andere Methoden, um Traumata aufzulösen. Ihre Entwicklung ist ein aktiver Prozess. Es lohnt sich daher – nicht nur für Adoptierte –, sich mit dem Thema Traumaarbeit näher zu beschäftigen.

Adoptionseltern wussten – und wissen manchmal bis heute – nicht, dass ihr Kind traumatisiert bei ihnen ankommt. Das ist ein Problem, denn der menschliche Organismus beginnt erst vom zweiten bis vierten Jahr nach der Geburt damit, ein Bewusstsein zu entwickeln: wenn die Sprache ausgebildet, das ICH in Abgrenzung zur Außenwelt erlebt, ein Verständnis von Vergangenheit, Gegenwart und Zukunft entwickelt wird. Wie in den vorangegangenen Kapiteln erläutert, bleiben Erinnerungen an die Erfahrungen, die in den ersten ein, zwei oder drei Lebensjahren gemacht werden, unbewusst, werden aber auf der körperlichen und nervlichen Ebene erinnert.

Von meinen Klientinnen und Klienten wird diese körperliche Erinnerung unterschiedlich beschrieben: als ein diffuses, nicht verortbares Gefühl einer innerlichen Unordnung. Viele haben nie das Gefühl erlebt, sich *rundum wohlzufühlen.* Auch wenn die Befriedigung von Bedürfnissen ein wohliges Gefühl erzeugt hat, hielt es nur eine begrenzte Zeit lang an und der allzeit präsente Grundton in Moll wurde bald wieder lauter – wie ein seelischer Tinnitus.

Etwas, das wohl den meisten angenommenen Kindern innewohnt – dem einen stärker, dem anderen weniger stark –, ist ein Gefühl von *genetischer Einsamkeit.* Bei allen Ähnlichkeiten mit der annehmenden Familie, wie sie bereits beschrieben wurden, sehen die Familienmitglieder eben doch anders aus als man selbst: Haarfarbe, Augenfarbe, die Form des Gesichts, der Nase, der Ohren. Woher bestimmte Eigenheiten im Verhalten oder eigene Vorlieben kommen, kann oft nicht erkannt werden. Ob und was vielleicht genetisch vererbt wurde, ist eine Frage, die sich Menschen auch außerhalb von Arztpraxen stellen, in denen es häufig um die Frage nach genetischen Veranlagungen geht. Viele Menschen, die in genetisch fremden Familien aufwachsen oder aufgewachsen sind, entwickeln eine Sehnsucht, irgendwann einmal jemandem zu begegnen, der einem ähnlich sieht, ähnliche Eigenschaften hat oder die eigenen Vorlieben teilt. Wenn es zu Treffen mit genetisch verwandten Angehörigen kommt, sind die Benennung und die

Suche nach Gemeinsamkeiten sowie die Freude darüber meist ein erster zentraler Gesprächspunkt.

Praxis der Adoptionsvermittlung im Wandel

Eine Adoption wurde und wird gesellschaftlich als Win-win-Situation gesehen: Kinderlose Paare bekommen ein lang ersehntes Kind, und die Mutter, die ihr Kind nicht versorgen kann, hat eine gute Lösung und das Kind Eltern gefunden. Hier ist es in meinen Augen wichtig zu erwähnen, dass es in der Adoptionspraxis einen starken Wandel zum Positiven gegeben hat. Bei früheren Adoptionen war es die Regel, sie zu tabuisieren. Adoptierte mussten sich ihre Adoptionsgeschichte unter teilweise großer Anstrengung selbst aneignen.

Weil den Verantwortlichen in der Adoptionsvermittlung über die Jahrzehnte und durch die fortschreitende Wissenschaft deutlich wurde, wie schädlich eine Tabuisierung der Herkunft für ein Kind sein kann, wurde nach und nach genauer hingeschaut: Bekommen Eltern ein Kind? Oder bekommt das Kind passende Eltern? Die Sichtweise auf diese Frage hat sich im Laufe der Jahrzehnte um 180 Grad gedreht. Früher wurden kinderlosen Paaren Kinder vermittelt, heute werden elternlosen Kinder Eltern vermittelt. Oder anders ausgedrückt: Früher waren die kinderlosen Eltern die *Kundinnen und Kunden* des Jugendamtes. Sie gaben vor, welche Wünsche sie an das Kind hatten, das die eigene Kinderlosigkeit *heilen* sollte. In alten Adoptionsakten zu lesen, ist aus heutiger Sicht manchmal geradezu erschreckend. Zum Beispiel wenn ein Formular die Überschrift trägt: »Antrag zum Halten eines Pflegekindes«. Heute, in einer Zeit, in der diskutiert wird, die Rechte der Kinder in die Verfassung aufzunehmen, sind die elternlosen Kinder die *Auftraggeberinnen und Auftraggeber* der Jugendämter. Die

Mitarbeitenden der Behörde haben den Auftrag, Eltern zu finden, die nicht nur *ein Baby wollen*, sondern Eltern, die einem Menschen, der einen schweren Start ins Leben hatte, Liebe und ein Zuhause geben möchten und bereit sind, dem Kind zu helfen, sich mit seiner besonderen Biografie anzufreunden und auszusöhnen.

Die besondere Situation nichtehelich Geborener

Die Klientinnen und Klienten, die nichtehelich geboren und auf der Suche nach ihrem leiblichen Vater sind, haben erstaunlicherweise meist ein noch ärgeres Tabu erlebt als die, die nach einer Adoption ihre leiblichen Eltern suchen. Wie schon beschrieben, entsteht ein Tabu unter anderem aus Scham. Bei Adoptiveltern liegt die Scham *nur* in der eigenen Unfruchtbarkeit begründet. Bei Müttern, die nichteheliche oder außereheliche Kinder zur Welt gebracht haben, sitzt die Scham noch viel tiefer. Während Adoptiveltern in der Rolle sind, einem elternlosen Kind ein Zuhause gegeben zu haben, ist die Mutter, die ein Kind ohne Vater bekommen hat, oftmals gesellschaftlich geächtet worden. Die Frauen schämen sich dafür, sich mit *dem falschen Mann* eingelassen zu haben, dafür naiv gewesen zu sein, dafür dass man sie *sitzen gelassen* hat. In einigen Fällen war es eine unerfüllte Liebe. Der Vater wollte nur noch die Papiere für die Heirat von zu Hause holen – und kam nie wieder. Sich daran zurückzuerinnern, tut weh. Da schweigt man lieber.

Eine Mutter, die ein nichteheliches Kind zur Welt gebracht hat und das Kind nicht zur Adoption freigeben musste, weil sie einen Mann fand, der die Vaterrolle übernommen hat, hatte oft andere

Sorgen, als sich über die Identitätsfindung ihres Kindes Gedanken zu machen. Es war im Grunde doch alles in Ordnung: Das Kind war bei ihr und hatte einen Vater. Was sollte es da noch zu bereden geben?

Das Schweigen der Mütter hat unterschiedliche Qualitäten. Die einen schweigen eisern: Sie vermitteln dem Kind, das nach seinen Wurzeln fragt, es sei undankbar – es sei egoistisch und rücksichtslos, immer wieder so penetrant nachzufragen. Außerdem sei es für das Kind völlig unerheblich, wer sein biologischer Vater sei. Die Familie sei komplett, das Thema tabu und basta!

Andere schweigen, weil sie gar nicht erst gefragt werden. Sie haben es geschafft, dass die Fragen nach den Wurzeln väterlicherseits gar nicht erst gestellt werden – ein unausgesprochenes Tabu. Ich bin jedes Mal verblüfft, wenn mir Menschen im Vorgespräch zur Herkunftsberatung berichten, dass die Mutter nie gefragt wurde. Ich höre dann Sätze wie: »Es war einfach immer klar, dass ich nicht danach zu fragen habe. Ich wollte meine Eltern ja nicht verärgern oder gar verletzen. Es war damals so. Die Erziehung war vom Zeitgeist geprägt: *Was denken und reden die Leute?* Es war wichtig, der Norm zu entsprechen. Das taten wir. Fragen nach dem Vater, der mich gezeugt hat, waren undenkbar.«

In vielen Familien wird die Frage nach dem biologischen Vater also verdrängt. So wie bei Birgit, die mit ihrer Mutter bei ihren Großeltern aufwuchs. Sie erzählte mir, dass ihre Mutter sie mit der Selbstverständlichkeit eines Naturgesetzes im Unklaren darüber ließ, wer sie gezeugt hatte. Mit derselben Selbstverständlichkeit erwartete sie von ihrer Tochter, dass sie ihre Vaterlosigkeit hinnahm. Die Mutter pflegte sogar eine Freundschaft mit dem Vater und seiner Familie, wie sich später herausstellte. Ihre Tochter ließ sie dabei völlig außen vor. Birgit erzählte weiter, wie sie eines Tages im Haus nach einer Briefmarke suchte. Als sie im

Sekretär nachsah, fand sie einen Brief, den ihr Vater erst kürzlich an ihre Mutter geschrieben hatte. Darin wurde seine Vaterschaft deutlich. Ihre Mutter, darauf angesprochen, war sehr erbost darüber, dass *die Tochter ihr Vertrauen missbraucht habe* und warnte sie, *sie solle jetzt bloß nicht zündeln*!

Wieder andere sind nicht bereit, den Vater zu nennen, möchten das aber nicht offen zugeben. Es gibt immer wieder Mütter, die die Vatersuche ihres Kindes nach außen hin glaubwürdig unterstützen. Dann aber stellt sich bei den Recherchen heraus, dass offensichtlich *Nebelbomben geworfen* wurden. Es ist schon häufig vorgekommen, dass Namen scheinbar absichtlich falsch geschrieben oder Orte vertauscht wurden. Oft werden auch Details zurückgehalten und Verwandte instruiert, *sich nicht einzumischen*. Diese Art, mit dem Tabu umzugehen, empfinde ich als besonders kritisch und tragisch für die Betroffenen. Mit der angeblichen Kooperationsbereitschaft wird der Konflikt vermieden, der eigentlich erfolgen müsste, wenn die Mutter die Vatersuche boykottiert und kein Interesse an der Aufklärung zeigt, die für das Kind so wichtig ist. Wenn anhand der Rechercheergebnisse nach und nach deutlich wird, dass die Mutter eventuell nicht aufrichtig ist, wenn sich angeblich ganz sichere Informationen als falsch herausstellen, beobachte ich bei meinen Klientinnen und Klienten interessanterweise keine spontane Wut oder Entrüstung über die falsch angegebenen Daten. Ich würde es eher als Resignation beschreiben, wie sie mit der Vermutung umgehen, dass die Vatersuche von der Mutter offensichtlich doch nicht unterstützt wird.

Ich empfinde dieses Verhalten als zutiefst ungerecht und denke, dass die Gründe dafür in keinem Verhältnis zur Wichtigkeit der Identitätssuche eines Menschen stehen. Das Kind war völlig unbeteiligt an der damaligen Situation. Trotzdem wird versucht, es ins Unrecht zu setzen, indem ihm – ob offen oder verdeckt – das

Recht darauf abgesprochen wird, herauszufinden, wer sein biologischer Vater ist und wo seine Herkunft liegt.

In einigen Fällen leiden Menschen stellvertretend für den ferngebliebenen Vater, für die nicht geglückte Beziehung zu ihm. Ein Beispiel dafür ist Daniela, die sich von ihrer Mutter nie richtig angenommen fühlte. Sie konnte es ihr nie recht machen. Selbst als Danielas Mutter alt und krank war, habe sie noch über das geschmierte Brot gemeckert, das Daniela ihr zubereitete und ans Bett brachte. An Streicheleinheiten oder eine innige Umarmung erinnert sich die Tochter gar nicht. Sie erinnert sich allerdings gut an ihren fünften Geburtstag. Ihre Tante schenkte ihr einen Arztkoffer – verbunden mit den Worten: »Du wirst sicher einmal Apothekerin werden.« Die ganze Familie war am Kaffeetisch versammelt und die Atmosphäre so angespannt, dass Daniela diesen Satz nie vergessen hat. Als Daniela mir davon berichtete, war sie Anfang siebzig. Sie war etwa zwanzig, als ihr Vater eine Blutuntersuchung hatte und sich anhand seiner Blutgruppe herausstellte, dass er nicht Danielas leiblicher Vater sein konnte. Für Daniela fühlte sich das wie eine Bestätigung der immerwährenden, aber unausgesprochenen Zweifel an. Es dauerte viele Jahre, bis die Mutter verstorben war und Daniela von ihrer Tante – nun in offener Atmosphäre – erfuhr, wie ihr leiblicher Vater hieß und dass er eine Apotheke besessen haben soll.

Nur ein halbes Spiegelbild

Mütter, die aus Scham die Biografie ihrer Kinder manipulieren, handeln zumeist in guter Absicht. Wären ihnen alle Auswirkungen bewusst, die ihr Verhalten für ihr Kind und dessen Leben wahrscheinlich hat, würde ihnen die Entscheidung für eine Lüge und die Tabuisierung sicher schwerer fallen.

Heidelinde zum Beispiel hat während der Recherche nach ihrem leiblichen Vater ihre Ehe und damit ihren gesamten Lebenslauf infrage gestellt. Sie legt großen Wert auf die Astrologie. Ihr Ehemann ist Skorpion und wurde von ihr auch deshalb auserkoren, weil Skorpione wohl besonders gut zu ihrem Sternzeichen Fische passen. Meine Recherchen brachten jedoch ans Licht, dass Heidelinde nicht am 15.03., sondern am 15.04.1945 das Licht der Welt erblickt hat. Sie wurde auf der Flucht in einem kalten Keller in Kopenhagen, Dänemark geboren. In Deutschland angekommen, gab die Mutter das Geburtsdatum im Standesamt mit März statt mit April an. Der Grund für diese Lüge: Hätte die Mutter ihr Kind mit dem tatsächlichen Geburtsdatum eintragen lassen, hätte ihr Mann daraus ableiten können, dass das Kind nicht von ihm sein konnte. Heidelinde schien nicht besonders glücklich mit ihrer Ehe zu sein und zweifelte nach diesen Ergebnissen noch stärker an dieser. Dass diese *kleine Notlüge* zu Beginn des Lebens ihrer Tochter sich so stark auswirken würde, hat Heidelindes Mutter ganz sicher nicht gewusst und auch nicht gewollt.

Ein anderer Klient, der seinen Vater suchte, sagte zu mir: »Ich sehe immer nur die Mutter, wenn ich in den Spiegel schaue, nie den Vater!« Reiner war nichtehelich geboren. Sein Vater war Diskothekenbesitzer und hatte mächtig Eindruck auf Reiners Mutter gemacht. Eine Perspektive für ein Zusammenleben sahen beide jedoch nicht. Reiners Mutter hatte seinen Stiefvater Claus schon in der Schwangerschaft kennengelernt. Die Geschwister der Mutter und auch die Eltern des Stiefvaters wussten, dass Reiner nicht Claus' Sohn war. In der Rückschau bemerkte Reiner, dass sie ihn auch immer ein bisschen merken ließen, dass er *irgendwie nicht richtig dazugehörte*. Aber erst als er 17 Jahre alt war, und weil die Eltern wirtschaftliche Vorteile dadurch hatten, dass Reiner gesetzlich nicht mit seinem Stiefvater verwandt war, klärte man ihn auf – eher *notgedrungen*, weil Reiner der Adoption vor Gericht aktiv zustimmen musste. Auf dem Weg zum Gerichtstermin wurde ihm eröffnet, dass sein Vater nicht sein biologischer Erzeuger sei und dass er jetzt gleich sagen solle, dass er damit einverstanden sei, wenn er *rechtlich* sein Vater werde. Für Reiner war das alles gar nicht zu verstehen – ein traumatisches Erlebnis. Ganz besonders deshalb, weil nach seiner offiziellen Zustimmung nie wieder darüber gesprochen wurde. Kurz vor Reiners dreißigstem Geburtstag befragte er die Mutter noch einmal dazu. Sie erzählte etwas widerwillig, dass die Schwangerschaft nicht geplant und sein biologischer Vater ein Hallodri gewesen sei. Reiner hat seine Mutter nach diesem kurzen Gespräch nie mehr nach seinem Vater gefragt, er traute sich nicht. Nach dem Tod seiner Großmutter fing er heimlich an zu recherchieren, später mit meiner Hilfe.

Reiners leiblicher Vater konnte gefunden werden und öffnete sich dem Kontaktwunsch. Er hatte mehrere Kinder von verschiedenen Frauen. Nach einem ersten Familientreffen mit seinem Vater und zwei weiteren Halbgeschwistern erzählte Reiner, dass es ein befreiendes Gefühl gewesen sei, seinen lebensfrohen Vater zu treffen. Der erst sehr verschlossen wirkende Klient kann nun diese, wie er es nennt, *feiernde Seite* an sich endlich erforschen und viel besser ausleben als ohne den Kontakt zu seinem Vater und dessen Kindern.

Bindung

Unabhängig davon, ob jemand adoptiert wurde, mit einem Stiefelternteil groß wird, aus einer Samenspende stammt oder von einer Leihmutter ausgetragen wurde – und egal, ob die Kinder ihren Eltern die Tabuisierung verzeihen oder ob sie ungeplant gewonnene Erkenntnisse über ihre tatsächliche Abstammung als Kontrollverlust über ihr Leben wahrnehmen: Die biologischen Eltern brauchen einen Platz im Herzen der Kinder. Wenn die leiblichen Eltern tabuisiert werden und dem Kind nicht erlaubt wird, seinen biologischen Eltern diesen Platz im Herzen zu geben, steht immer etwas zwischen den annehmenden Eltern und dem Kind.

Es wird immer wieder beschrieben, dass angenommene Kinder sich *nicht gewollt* fühlen. Das wird meist darauf zurückgeführt, dass eine der ersten Lebenserfahrungen die Trennung von der leiblichen Mutter und/oder vom leiblichen Vater war. Meine Klientinnen und Klienten berichten häufig davon, dass sie sich auf dem Weg zur gesunden Selbstliebe mühsam durch Therapien arbeiten mussten.

Neben der traumatisierenden Erfahrung *weggegeben worden* zu sein, wirkt aber oft noch eine andere Dynamik, die meiner Meinung nach viel zu wenig gesehen und besprochen wird und die auch Grund dafür sein kann, sich *nicht gewollt* zu fühlen: das Zusammenleben mit Adoptiveltern, die anstatt ihre Kinderlosigkeit zu betrauern, den direkten Weg in die Adoptionsvermittlungsstelle genommen haben. Das angenommene Kind ist ein *Ersatzkind* und bekommt das konstant zu spüren. Eine gesunde Eltern-Kind-Bindung kann unter dieser Voraussetzung schwer wachsen. Wenn ein Kind von den Eltern nicht auch *im Herzen angenommen* wird, verstärkt sich das Gefühl der *Wurzellosigkeit*, das Gefühl, nirgendwo richtig dazuzugehören. Das Kind wächst anstatt in einer Familie, die von Liebe, Geborgenheit und Wärme geprägt ist, in der *Kulisse* einer Familie auf. Aus den Erzählungen meiner Klientinnen und Klienten wird deutlich, dass diese Kulisse hauptsächlich nach außen hin orientiert ist. Sie haben Sätze wie »Was sollen die Leute denken?« oder »Das gehört sich nicht« überdurchschnittlich oft gehört.

How deep is your love? Oder: Wie gut ist die Bindung?

Das Grundgefühl, *nicht zu genügen* oder *nicht gewollt zu sein*, entsteht aus dem ersten Trauma der Trennung von der leiblichen Mutter. Dieses Grundgefühl wird jedoch zusätzlich täglich neu genährt – über viele Jahre und Jahrzehnte hinweg. In Therapien nur darauf zu schauen, wie das Trennungstrauma überwunden werden kann, greift in meinen Augen deshalb viel zu kurz. Sich anzuschauen, wie gut oder weniger gut sich *die Eltern an das Kind* binden konnten, ist meines Erachtens ebenso wichtig, wenn nicht noch wichtiger.

Ein Baby bindet sich an jedes ihm präsentierte Elternteil mit ganzer Seele und liebt es aus vollem Herzen. Es hat keinen Entscheidungsspielraum. Spätestens seit den Beobachtungen von Konrad Lorenz (1995), laut denen sich frisch geschlüpfte Gänseküken an einen Menschen binden, wenn dieser nach der Geburt an Stelle der Gänsemutter präsentiert wird, ist dies bekannt. Der Erwachsene jedoch entscheidet sich bewusst, ob und wie stark er sich an das Kind bindet.

Wenn das Kind sich gebunden hat, geht es davon aus, dass seine Bindungspersonen sich mit derselben Intensität an es gebunden haben, wie es sich selbst an die erwachsene Person gebunden hat. Es erwartet, dass so authentisch und ehrlich mit ihm umgegangen wird, wie es selbst auch mit seinen Bindungspersonen umgeht. Genauso wenig wie Kinder Ironie verstehen, können sie sich vorstellen, dass ihnen etwas verschwiegen oder ihnen nicht die Wahrheit erzählt wird.

Einige Klientinnen und Klienten berichten, dass ihre annehmende Mutter ein Kind im Säuglingsalter verloren hat. Um die Trauer zu mildern, wurde dann entschieden, ein Kind zu adoptieren. Nach allem, was mir meine Klientinnen und Klienten berichtet haben, macht es auf mich den Eindruck, dass eine verwaiste Mutter an der Stelle im Herzen, an der das adoptierte Kind andocken soll, eine Narbe hat. Wenn die Trauer nicht bewältigt wurde, wird die Bindung erschwert. Das angenommene Kind spürt die Trauer seiner Mutter zeitlebens und bezieht sie auf sich selbst. Auch wenn eine Mutter ein Kind von einem vorigen Partner hatte und der spätere Ehemann die Vaterrolle übernommen hat: Wenn der Mann sich eigene Kinder mit der Frau wünscht, konzentriert er seine Energie eher auf dieses Projekt, als dass er sich an das schon vorhandene *fremde Kind* in *bedingungsloser* Liebe bindet.

Das Gefühl *nichts wert zu sein*, dass *irgendetwas mit einem selbst falsch sein* muss, wirkt wie ein Gift, wenn das Kind nicht weiß, dass es nicht das leibliche Kind seiner Eltern oder seines Vaters ist. Es findet einfach keine andere Erklärung für die subtile emotionale Distanz als die, dass mit ihm irgendetwas nicht stimmen kann. So erlebt das Kind wieder und wieder, Tag für Tag, dass sein Bedürfnis nach Bindung nicht erfüllt wird. Es kann so kein gesundes Selbstwertgefühl entwickeln.

Warum doppelte Elternschaft verschwiegen wird

Wenn Eltern aus anderen als aus biologischen Gründen Eltern geworden sind, hat das immer eine Vorgeschichte.

- Ein Paar konnte aus medizinischen Gründen keine Kinder bekommen und hat deswegen adoptiert.

- Stiefeltern nehmen die Elternrolle an, weil eine Partnerschaft mit einem leiblichen Elternteil entweder nicht entstanden oder misslungen ist. Ein neuer Partner ist also an die Elternstelle getreten.
- Ein Elternteil ist verstorben und es wird nicht mehr darüber gesprochen – aus Angst, den neuen Partner damit zu verletzen.
- Verwandte haben ein Kind aufgenommen, weil die leibliche Mutter das Kind sehr jung und nichtehelich bekommen hat und/oder nicht in der Lage war, für das Kind zu sorgen.

All diese Gründe tragen ihre eigene Tragik in sich und sehr häufig spielen Scham oder Trauer eine Rolle. Sich mit diesen Gefühlen auseinanderzusetzen, bedarf innerer Arbeit und Selbstreflexion. Besonders ältere Generationen waren nicht bereit, diese zu leisten. Sie stehen oder standen häufig unter dem Einfluss des gesellschaftlichen Kriegstraumas und hatten oder haben andere Themen zu bearbeiten.

Es geht auch um Freiwilligkeit; darum, dass alle Beteiligten selbst entscheiden dürfen. Wenn gesagt wurde »Ich wollte dich schonen, dein Vater ist kein guter Mensch«, ist das von der Mutter gut gemeint. Von einer anderen Seite aus betrachtet, ist es eine Bevormundung. Die kränkende Aussage, dass die eine Hälfte der DNA ihres Kindes nicht ihrem Ideal entspricht, ist sicher nicht beabsichtigt, aber vorhanden. Die Freiheit, sich für seinen Vater zu interessieren, wird dem Kind dadurch genommen.

Nach den Gründen gefragt, aus denen doppelte Elternschaft verleugnet wird, werden von den Betroffenen folgende Erklärungen gegeben:

- Eltern denken, dass es nicht so wichtig und auch nicht relevant sei. *Das Kind hat es doch gut. Was es nicht weiß, macht es nicht heiß.*

- Eltern glauben, dass die Wahrheit niemals herauskommen wird.
- Eltern haben ein starkes Bedürfnis danach, eine *heile Familie* zu sein. Insbesondere, wenn ein starker Kinderwunsch vorlag, war das *Konzept Familie* schon lange geplant und in Kopf und Herz verankert. Deshalb wird es stoisch gelebt.
- Eltern haben Angst, dass ihre Autorität als solche von den Kindern infrage gestellt werden könnte.
- Eltern haben Angst vor einem Gesichtsverlust. *Was würden die Leute sagen, wenn sie wüssten, dass …?*
- Sehr häufig wird genannt, dass Eltern das Kind *schützen* möchten.

Eltern, die ihren Kindern nicht die ganze Wahrheit über ihre Herkunft erzählen, haben häufig Angst, die Bindung zu ihnen durch die Wahrheit aufs Spiel zu setzen. Tragischerweise bewirken sie mit einer Lüge jedoch häufig, dass genau diese Bindung gefährdet wird.

Leben mit dem Geheimnis

Jeder Mensch trägt sein gesamtes Leben in sich, die ganz frühen Teile davon nur unbewusst. Trotzdem sind sie da. Wenn die frühen Teile der eigenen Biografie verschwiegen werden, kann man sich manche Gefühle nicht erklären. Verlust und Trauer werden latent gespürt, man trägt sie immer mit sich herum, kann sie sich aber nicht erklären. Die Auswirkung ist häufig die Überzeugung, an einer Depression zu leiden. Eine Klientin drückte sich so aus: »Ich fühle mich wie eine abgeschnittene Blume. Doch wo ist der Grund und Boden dazu?«

Familien, in denen eine biologische Elternschaft entweder durch Adoption oder durch Trennung/Scheidung verheimlicht wird, sind oft insgesamt sehr traditionell. Familienfeste werden in großer Runde gefeiert, der familiäre Zusammenhalt wird großgeschrieben – zumindest äußerlich. Diese Faktoren verstärken, dass das Gefühl von Zugehörigkeit schwer entstehen kann. Die Identitätsentwicklung wird behindert, weil für das ICH ein DU und ein WIR benötigt werden, die einem selbst entsprechen. Fehlt diese Entsprechung, sind das DU und das WIR nicht die Spiegel, die einem helfen, sich selbst zu sehen. Dann steht man alleine und empfindet sich in der eigenen Familie selbst als *exotisch*. Die frühe Zeit, die verschwiegene Zeit, wird in diesen Familien nicht angesprochen.

Besonders verbreitet ist die Auswirkung, ungesunde Muster in Beziehungen zu entwickeln. Wie ein dressierter Delfin gelernt hat, dass er einen Fisch als Belohnung bekommt, wenn er eine Schraube in der Luft dreht, hat das Kind gelernt, dass es einen Trennungsschmerz erlebt, wenn es sich an jemanden bindet. Ist dieser Zusammenhang einmal erkannt, kann an der Heilung dieses ungesunden Musters gearbeitet werden. Ein Familiengeheimnis jedoch bewirkt, dass der Zusammenhang nicht erkannt wird und dadurch auch keine Heilung erfahren werden kann. Das Kind reift heran, wird erwachsen und hat keine Chance, sich ohne die Angst vor dem Trennungsschmerz an jemanden binden zu können. Die einen binden sich lieber gar nicht und bleiben allein. Die anderen binden sich zwar, leben aber gefühlt immer unter einem Damoklesschwert. Es wird als eine Art Naturgesetz wahrgenommen, dass auf eine eingegangene Bindung der Trennungsschmerz folgen muss. Das Individuum kämpft gegen diese als logisch empfundene Abfolge an. Dieses subtile, ewige Ankämpfen gegen die drohende Trennung kann sich darin auswirken, sich übermäßig an die Partnerin oder den Partner zu klammern. Anstatt sein Leben und die Beziehung zum Partner entspannt zu genießen, werden die eigenen Bedürfnisse ignoriert. Man tut verkrampft alles dafür, dass die Partnerin oder der Partner einen vor dem erwarteten Trennungsschmerz verschont und bei einem bleibt.

Leben mit und Leben gegen das Tabu

Es ist unstrittig, dass die meisten Eltern immer das Beste für ihr Kind wünschen. Trotzdem berichten meine Klientinnen und Klienten davon, dass ihre Eltern nicht auf die Idee kamen, ihnen das wichtige Detail ihrer Herkunft zugänglich zu machen. Die Frage, ob Informationen zur eigenen biologischen Abstammung wichtig sein könnten, schien bei einigen Eltern geradezu ausgeblendet worden zu sein. Karin hat eine besondere Erfahrung gemacht, die – wie ich finde – sehr deutlich zeigt, wie groß die Ambivalenzen sein können, aber auch wie unterschiedlich Menschen mit ihnen umgehen.

Karin wuchs als ältestes von fünf Kindern auf. Als einer ihrer Brüder Kommunion hatte, sollte sie das Familienstammbuch vom Pfarrer abholen. Der Pfarrer händigte es ihr mit den Worten aus, dass sie ihren Eltern bitte ausrichten möge, dass sie Karins Geburt darin ergänzen sollten. Karin stutzte kurz, dachte aber nicht weiter darüber nach. Während der Feierlichkeiten zu Hause am Kaffeetisch griff sie das Thema – unbewusst – dann aber wieder auf. Sie erzählte ihre bis dahin für sie selbst schlüssige Geschichte: Ihre Eltern seien schon drei Jahre verheiratet gewesen, als sie geboren wurde. Die Verwandten blickten beschämt nach unten und irgendjemand berichtigte die damals Elfjährige: Nein, es sei so, dass ihre Eltern geheiratet hätten, als Karin drei Jahre alt gewesen sei! In diesem Moment wurde die Ungereimtheit vom Vormittag beim Pfarrer zum leisen Zweifel. Sie ärgerte sich über ihren Denkfehler und fragte später ihre Großmutter, zu der sie ein enges Verhältnis hatte, ob sie wisse, wie es sein könne, dass ihre Eltern erst geheiratet hätten, als sie drei Jahre alt gewesen sei. Die Großmutter antwortete ausweichend, sie *wisse von nichts.* Als Karin ein paar Jahre später zufällig Unterlagen darüber fand, dass ihr Vater sie adoptiert hatte – also nicht ihr leiblicher Vater sein konnte –, schwieg sie darüber. Das Familientabu war unausgesprochen, und gerade das machte es so groß und mächtig. Das Schweigen zu ihren Zweifeln seit der Kommunion ihres jüngsten Bruders sprach eine deutliche Sprache: *Auch du solltest schweigen.* Das Verhältnis zu ihrem Vater war nie gut gewesen. Karin erklärte sich die häufige Grobheit ihres Vaters von da an mit der Tatsache, dass er das genetische Band zu ihr nicht hatte.

Erst als Karin 14 Jahre alt war und es wieder einmal zu einem heftigen Streit mit ihrem Vater gekommen war, entschied sie sich dazu, ihm zu offenbaren, dass sie Bescheid wusste. Sie schrieb ihm einen Brief, bei dem die stürmische Pubertät ihre Feder führte. Der Vater gab zu, nicht ihr biologischer Vater zu sein. Allerdings bestritt er im klärenden Gespräch vehement, dass er Karin schlechter als ihre Geschwister behandelte. Natürlich wollte Karin nun von ihren Eltern wissen, wer denn der biologische Vater sei. Weder ihre Mutter noch ihr Vater gaben ihr eine Antwort, stattdessen wurde ihr deutlich gemacht, dass sie das *nichts angehe.*

Erst viel später, als Erwachsene, und dadurch ermutigt, dass sie ein eigenes Kind hatte, dem sie seine biologischen Wurzeln nicht vorenthalten wollte, fasste sie den Mut, sich auf die Suche nach ihrem Vater zu machen. Sie erhielt einen Namen vom Jugendamt. Als sie ihre Eltern damit konfrontierte, wurde ihr unter großer Scham von der Mutter eröffnet, dass eigentlich zwei Männer infrage kämen. Und – wieder einmal – dass darüber in der Familie nicht gesprochen werde. Daher kam sie mit ihren Recherchen nicht weiter und ich zu dem Auftrag, ihren Vater zu suchen beziehungsweise herauszufinden, welcher der beiden Männer ihr biologischer Vater war.

Ein weiteres spannendes Detail an Karins Fall ist, dass sie nach dem Tod ihrer Mutter von ihrem Adoptivvater erfuhr, dass ihr ältester Bruder ebenfalls einen anderen Vater hatte! Das wisse jedoch niemand – auch er selbst habe es nie offiziell erfahren –, und sie möge bitte auch das für sich behalten. Jahrelang trug sie dieses Geheimnis mit sich herum. Doch irgendwann und nach vielen Diskussionen mit ihrem mittlerweile erwachsenen Sohn und engen Freunden entschied sie: *Er muss das wissen!* Sie fasste sich ein Herz und erzählte ihrem Bruder, dass sie beide nicht die leiblichen Kinder ihres Vaters seien. Ihr Bruder reagierte regelrecht teilnahmslos und schien sogar desinteressiert. *Ihm sei das egal, sein Vater bleibe für ihn sein Vater.* Und deswegen hatte sie sich nun solche Gedanken gemacht.

Aus meiner Sicht könnte es sein, dass der Bruder in der ersten Phase des Verarbeitungsprozesses verharrte: dass er die Wahrheit nicht konfrontieren wollte und sich gut eingerichtet hatte. Es war ihm vordergründig einfach nicht wichtig. Oder er hatte schon seinen eigenen Prozess durchlaufen und an einem Punkt bei dem Versuch der Aufklärung, ob bewusst oder unbewusst, resigniert, ohne sich mit seiner Schwester darüber auszutauschen.

Nicht jede Phase des oben beschriebenen Prozesses wird bewusst erlebt. In manchen Fällen werden Familiengeheimnisse unbewusst gelüftet – indem zum Beispiel ein bestimmter Schrank (nach etwas ganz anderem) durchsucht wird – oder unbewusst bewahrt.

Elke zum Beispiel wurde von ihren Eltern gezeugt, als diese bereits drei Kinder hatten. Elke war nicht geplant und man hatte auch keinen Platz mehr für sie. Die Schwester von Elkes Vater war verheiratet und die Ehe blieb ungewollt kinderlos. Die Familie löste für sich zwei Probleme auf einmal damit, Elke zu ihrer Tante zu geben. Sie wurde offiziell von ihr und ihrem Mann adoptiert – nur hatte man ihr nie gesagt, dass der Onkel eigentlich der Vater und seine Frau ihre Mutter war. Was die Beteiligten in diesem Fall außer Acht ließen, war die Tatsache, dass Elke *dabei* war. Sie hatte die Schwangerschaft erlebt und die Stimme ihrer *Tante* gehört, ihren Herzschlag und ihre Körperwärme gespürt. Sie hatte den Wechsel aus dem vertrauten Umfeld in die fremde Umgebung bei ihrer Tante und deren Mann physisch durchlaufen. Ihr prozedurales Langzeitgedächtnis hatte Daten dazu in Elke gespeichert. Da man Elke nie über ihre tatsächlichen familiären Verhältnisse aufgeklärt hatte, war ihr unbewusst klar, dass sie diese in ihr gespeicherten Daten nicht zu hinterfragen hatte. So hatte sie es auch brav nie getan. Rückblickend lachte sie laut, als sie mir von einem Teil ihrer unbewussten *Strategie* erzählte, dem unausgesprochenen Tabu unter allen Umständen gerecht zu werden: Sie war immer gut in der Schule und keine Note war je schlechter als 2. Dann ging es im Biologieunterricht um das Thema *Vererbungslehre* – eigentlich nichts Komplexes, es gibt heutzutage YouTube-Videos, die die Grundzüge der Vererbungslehre in 2:30 Minuten verständlich darlegen. Aber Elke wollte es einfach nicht verstehen und hatte in diesem Semester die wohl schlechteste Biologienote ihrer gesamten Schullaufbahn.

Im eigenen Leben zu Hause sein

Eine Klientin sagte einmal im Abschlussgespräch, dass sie sich nun endlich in ihrem eigenen Leben zu Hause fühle. Sie hatte es nach Jahrzehnten endlich gewagt, nach ihrem Vater zu suchen.

Die Klientin wuchs mit ihrer Familie in der damaligen DDR auf. Vom Vater erfuhr sie lediglich, dass er kurz vor dem Mauerbau in den Westen geflohen sei. Er sei ein Schürzenjäger, ein Nichtsnutz gewesen, niemand, den es sich lohnen würde zu suchen! Die Klientin fühlte sich immer etwas unwohl bei dem Gedanken daran, dass der Mann, der sie gezeugt hatte, *nur* schlecht gewesen sein sollte. So ganz wollte sie es auch nicht glauben, denn sie erkannte immer wieder Wesenszüge in sich selbst, die von ihrem Vater stammen mussten, da sie sich von denen ihrer Mutter und des Bruders gänzlich unterschieden – etwas, das sie mir als »draufgängerisch« beschrieb, das sie an sich selbst mochte und als wohltuend empfand. Sie lernte ihren Vater leider nie kennen. Er ist sehr früh verstorben. Wir haben sehr viel über sein Leben, seine Eltern und Vorfahren ermitteln und sogar ein altes Passfoto auftreiben können. Mit dem ganzen neuen Wissen habe sich etwas in ihr neu zusammengesetzt, so drückte sie sich aus. Sie fühle sich nun vollständiger und ruhiger – im eigenen Leben zu Hause.

Ein anderer Klient, ich nenne ihn Torsten, nutzte ein anderes, sehr eindrucksvolles Bild. Er beschrieb es so, dass er sich sein Leben lang gefühlt habe, als bewohne er einen der äußeren Räume eines Hauses. Sein Raum war hell und warm, doch fühlte er, dass es in anderen Zimmern dunkel und ungeheizt war. Torsten sprach davon, dass es ihm vorkam, als ob er einige Räume nicht einmal kannte. Es gibt Klientinnen und Klienten, die ihre Aufklärungsprojekte sehr zögerlich angehen. Torsten aber war eher einer der Entschlossenen. Im Rahmen einer großen Familienfeier fragte ihn eine Großcousine seines Vaters, wie es seiner Mutter gehe. Mit der Großcousine schien sehr lange keine Verbindung bestanden zu haben. Der letzte Kontakt stammte offensichtlich aus einer Zeit, in der Torstens Eltern noch ein Paar gewesen waren. Soweit er wusste, war seine Mutter verstorben, als er vier Jahre alt war. Er selbst hatte keine Erinnerung an sie. Sie hatte seinen Vater und ihn verlassen, als er gerade ein Jahr alt war. Der Vater ließ ihm gegenüber kein gutes Haar an ihr. Ihr Tod sei ein Suizid gewesen, sie sei alkohol- und tablettenabhängig gewesen, so die Familienüberlieferung. Die Großcousine war bestürzt, das zu hören, und zweifelte an der Geschichte. Ihrer Erinnerung nach hatte die Mutter gar keinen Alkohol getrunken! Sie könne sich vorstellen, dass sie Depressionen gehabt habe, weil sie vom Vater so alleine gelassen worden sei.

Nach dem Fest befragte Torsten die Mitglieder der Familie seines Vaters über seine Mutter, wurde aber regelmäßig abgewimmelt. Umso entschlossener nahm er sich das Tabu um seine Mutter vor. Er brachte schonungslos ans Licht, dass seine verstorbene Mutter nicht aus egoistischen Motiven heraus die Familie verlassen hatte, wie es der Vater ihn immer glauben ließ. Ich fand eine Schwester von Torstens Mutter. Mit ihrer Hilfe setzte sich ein ganz anderes Bild der Vergangenheit zusammen: Torstens Mutter war mit ihrem Kind und dem Haushalt nahe daran, überfordert zu sein. Als dann herauskam, dass ihr Mann eine ernsthafte Affäre hatte, brauchte sie Abstand und wollte für ein paar Tage bei ihren Eltern bleiben. Diese unterstützten ihre Tochter nicht, sondern drängten darauf, dass sie samt Kind zu ihrem Mann zurückkehrte. Daraufhin erlitt sie einen Nervenzusammenbruch, den der Vater meines Klienten dazu nutzte, ihr im darauffolgenden Scheidungsprozess die Erziehungsfähigkeit abzusprechen. Seine Geliebte war inzwischen bei ihm eingezogen und der Richter sprach ihm den Sohn zu.

Einige Monate nach unserer Zusammenarbeit berichtete Torsten, dass sich ein enger und herzlicher Kontakt zu seiner Tante entwickelte. Dieser Kontakt und die Auflösung des Tabus um seine Mutter hätten dazu geführt, dass er nun *innerlich umgezogen* sei: von dem äußeren Raum in den mittleren. Und dieser mittlere Raum sei jetzt hell und warm und seine Wärme und sein Licht strahlten über die Flure in die anderen Räume, die nun alle wohnlich und belebt seien.

Die eigene Identität zu finden, hat für mich auch immer etwas mit *Heimat* zu tun. Der Ausspruch »Im eigenen Leben zu Hause sein« drückt das gut aus. Ein Heimatgefühl stellt sich für mich ein, wenn mir in meinem Alltag alle darin befindlichen Bezugspunkte vertraut sind: Ich kenne die Nachbarn, weiß, wo welches Geschäft ist, und wo man am schönsten spazieren gehen kann; wenn mir die Geräusche und Gerüche bekannt sind und ich wenig Energie verbrauchen muss, um mich in meiner Umgebung zu orientieren. Genauso ist es auch mit der »inneren Heimat«, die weniger mit Orten als mit Gefühlen zu tun hat. Durch ein vollständiges Wissen um die eigene Herkunftsfamilie entsteht ein sicheres und stabiles Gefühl. Es muss keine Energie darauf verwendet werden, sich den Kopf über mögliche Tabus zu zerbrechen oder seine genetischen Veranlagungen zu erforschen.

Die Familie als System

Wie sind die zuvor beschriebenen Phänomene zu erklären? Wie kommt es, dass man *sich plötzlich ruhiger fühlt*, als ob *alles am richtigen Platz* wäre, dass man sich irgendwie *vollständiger, lebendiger* fühlt, nachdem eine Lücke geschlossen, ein Tabu gelüftet ist?

Vielleicht liegt ein Grund darin, dass eine Familie ein *System* ist. Sie können sich Ihr Familiensystem wie ein Mobile vorstellen: Auf der einen Seite hängt die Mutter, auf der anderen der Vater, dazwischen, an einem eigenen Stab, die Kinder – und unter den Kindern jeweils deren Familie. Der Stab mit den Großeltern hängt weiter oben und die anderen Stäbe mit deren Geschwistern daneben. So entsteht ein verzweigtes System, in dem jeder mit jedem verbunden ist. Wird eine der Figuren bewegt, abgeschnitten oder eine neue Figur hinzugehängt, bewegt sich das gesamte System, es gerät ins Wanken. Wie stark das System erschüttert wird, hängt von der Position und dem Gewicht der jeweiligen Figur ab.

Das Wort System stammt vom altgriechischen *sýstēma* ab, was so viel bedeutet wie »aus mehreren Einzelteilen zusammengesetztes Ganzes«. Ein System strebt immer nach einem inneren Gleichgewicht. Es versucht, sich so lange wie möglich zu erhalten und passt sich bei jeder »Störung« an, indem es versucht, den störenden Faktor zu kompensieren. Das tut es, bis es nicht mehr geht. Dann organisiert es sich entweder ganz neu oder löst sich auf (Kriz 2016).

Das System meiner Klientin, die den wunderbaren Satz »sich im eigenen Leben zu Hause fühlen« geprägt hat, hat sich mit der Suche offensichtlich austariert. Auch bei dem Klienten, der in seinem »inneren Haus umgezogen ist«, kam spürbar etwas zur Ruhe, das vorher gestört war, es wurde befriedet. Was heißt aber gestört? Was *stört* ein System? Ich möchte es an einem ganz simplen Beispiel darstellen.

Ein Musiker auf der Bühne und seine Zuhörer im Saal bilden ein System. Stellen Sie sich vor, Sie haben sich eine Karte für ein Klavierkonzert gekauft. Sie sind etwas spät dran, der Konzertsaal ist schon recht voll. Als Sie endlich auf Ihrem Platz sitzen, bemerken Sie, dass auf der Bühne weder ein Flügel noch ein Klavier zu sehen ist. Sie schauen auf die Uhr. Der Konzertbeginn ist schon fünf Minuten überfällig. Es entsteht ein Murmeln im Auditorium. Sie – und wahrscheinlich auch alle anderen – denken darüber nach, was der Grund dafür sein könnte, dass da kein Tasteninstrument zu sehen ist. Wird der Flügel später reingeschoben? Fällt das Konzert vielleicht aus?

Sie sehen, wie ein Mann mit Lederjacke und pinkem Irokesenkamm auf die Bühne schlendert. Er hat eine Gitarre um den Hals, steht auf der Bühne und ist stumm. Das Murmeln im Auditorium wird lauter. Eine Frau in der Reihe vor Ihnen dreht sich zu Ihnen um und fragt, ob Sie wüssten, was los sei. Sie schütteln den Kopf. Das ganze System ist in Bewegung. Die einen blättern im ausgeteilten Programmheft, die anderen rutschen nervös auf ihrem Sitz herum oder tauschen sich mit ihren Sitznachbarn oder -nachbarinnen aus. Der Mann mit dem Irokesenkamm lächelt und schweigt, während das gestörte System versucht, sich selbst wieder ins Gleichgewicht zu bringen. Dann plötzlich schwingt er seinen Arm über die

Gitarrensaiten und es erklingt ein scheppernder atonaler Akkord gefolgt von einem ins Mikrofon gebrüllten Text, den niemand verstehen kann. Sie und die anderen Konzertbesucher verlassen empört den Saal, das System löst sich auf.

Ein Familiensystem kann sich jedoch nicht einfach auflösen. Stattdessen versucht es permanent, sich in ein Gleichgewicht zu bringen. Zur Veranschaulichung: Wenn Sie schon einmal einen halb aufgeblasenen Luftballon mit der Hand an einer Seite eingequetscht haben, konnten Sie beobachten, wie auf der anderen Seite eine Beule entsteht. Wenn Sie diese entstandene Beule mit der anderen Hand ebenfalls eindrücken, ploppt sie an anderer Stelle wieder auf. Irgendwie muss also dafür gesorgt werden, dass die Faust sich löst und der Luftballon nicht mehr eingequetscht wird. Nur so kann er wieder seinen natürlichen Zustand erhalten und es muss keine Extraenergie mehr für das gestörte *System halbaufgeblasener Luftballon* aufgewendet werden.

(Familien-)Systeme streben nach Ausgeglichenheit

Die Störung im System eines eingequetschten, halb aufgeblasenen Luftballons zu erkennen, ist einfach. Auch bei einem wegen des falschen Musikers verlassenen Konzerts ist die Störung relativ simpel auszumachen. Auf die Zusammenhänge und Abhängigkeiten in Familien trifft das leider nicht zu. Das Beispiel meines Klienten Daniel soll verdeutlichen, wie Familiensysteme reagieren können, wenn sie einmal in Bewegung geraten sind.

Daniel war Mitte vierzig, als er sich an die Herkunftsberatung wendete. Er war adoptiert worden und suchte seine Herkunftsfamilie. Er wurde aus dem Krankenhaus heraus adoptiert und hatte seine leiblichen Eltern nie gesehen. Seine ältere Halbschwester, sie hatte einen anderen Vater als Daniel, wurde von derselben Familie adoptiert. Die Kinder wussten von Anfang an, dass ihre Eltern nicht ihre leiblichen Eltern waren. Als Jugendlicher fand Daniel zufällig die Adoptionsunterlagen bei seinen Adoptiveltern. Was er dort las, erzeugte einen Riss zwischen ihm und dem Rest der Familie. Die Adoption seiner Schwester war von derselben Adoptionsvermittlungsstelle durchgeführt worden wie seine eigene. Ein Brief des damaligen Sachbearbeiters ließ ihm das Blut in den Adern gefrieren. Daniels Vater war Marokkaner, der der Schwester Deutscher. Er las in den Papieren, dass den Adoptiveltern besonders wichtig gewesen sei, dass die Kinder *deutsch* aussahen. Man könne den Adoptivvater beruhigen, stand da, Daniel sei recht hellhäutig und man sehe ihm seinen nordafrikanischen leiblichen Vater nicht unbedingt an.

Erst da wurde Daniel bewusst, woran es lag, dass er sich nie als richtig zur Familie gehörig gefühlt hatte, erzählte er mir im Vorgespräch. Der Kontakt zu seiner Adoptivfamilie war seit vielen Jahren abgebrochen. Seine Halbschwester lebte nach ihrer Scheidung mit ihren Kindern bei den Adoptiveltern in einer Einliegerwohnung. Anfangs rief man sich zu Feiertagen und Geburtstagen noch an, aber weder die Eltern noch die Schwester waren für Daniel interessant und so brach der Kontakt irgendwann gänzlich ab. Die einzige Verbindung in Richtung Adoptivfamilie, die etwas mit emotionaler Wärme zu tun hatte, fand Daniel bei der Schwester seines Adoptivvaters und ihrer Familie. Sie hatte einen Algerier geheiratet. Daniel hatte sich bei den gegenseitigen Besuchen schon immer sehr wohl und aufgehoben gefühlt. Zu seinem Cousin, dem etwa gleichaltrigen Sohn der Tante, hatte er trotz der Funkstille zwischen ihm und seiner Adoptivfamilie regelmäßig einen herzlichen Kontakt.

Unser Auftrag begann auf Daniels Wunsch mit der Suche nach seiner leiblichen Mutter. Nachdem wir sie gefunden hatten, wurde deutlich, dass sie ihrer Familie nichts von der Existenz der zur Adoption freigegebenen Kinder erzählt hatte. Es dauerte daher eine Weile, bis ein direkter Kontakt zwischen Daniel und seiner leiblichen Mutter möglich wurde. Die beiden hatten einen kurzen freundlichen Kontakt; sie lebten jedoch in zwei unterschiedlichen Welten, die scheinbar nicht miteinander kompatibel waren. Ich fragte Daniel, ob er anlässlich des Kontaktes zu seiner leiblichen Mutter seine Schwester informieren möchte. Sie sei immerhin auch ein leibliches Kind der Mutter. Da die Mutter allerdings nicht nach seiner Schwester gefragt hatte, beließ er es dabei.

Dann endlich sollten wir den leiblichen Vater suchen. Seit Daniel im Vorgespräch über die algerische Familie seiner Adoptivtante berichtet hatte, vermutete ich schon, dass er sich sehr zu seinem unbekannten leiblichen Vater hingezogen fühlte. Daniels marokkanische Seite war rein äußerlich sehr präsent, auch wenn das von der Adoptionsvermittlungsstelle anders dargestellt worden war. Dass er die Suche mit der leiblichen Mutter begann, wirkte auf mich wie ein »Warmlaufen«, bis er für die emotional sehr anspruchsvolle Klärung seiner Herkunft väterlicherseits bereit war.

Die Suche nach dem leiblichen Vater ließ eine Dynamik entstehen, die ich im Rückblick als so etwas wie »Selbstheilungskräfte eines Systems« empfinde. Nach längeren Recherchen fanden wir den Vater. Er lebte mit seiner Frau und zwei seiner vier Kinder in München. Die anderen beiden Kinder waren schon erwachsen. Eine Tochter studierte in Köln und ein Sohn lebte in Italien. Daniel und ich hatten uns für Freitagvormittag zu einem Telefonat verabredet, um einen ersten Briefentwurf an seinen leiblichen Vater zu besprechen. Bevor wir jedoch zu diesem Thema kamen, überraschte Daniel mich mit einer Neuigkeit: Am Donnerstag sei ein Brief bei ihm angekommen. Die inzwischen erwachsenen Töchter von Daniels Schwester hätten sich gemeldet. Sie wüssten zwar, dass Daniel keinen Kontakt zu seiner Schwester und seinen Adoptiveltern möchte, sie seien aber dennoch neugierig darauf, einmal ihren Onkel kennenzulernen, weshalb sie ihm schrieben.

Daniel erzählte, dass er die Kinder seiner Halbschwester das letzte Mal als Babys gesehen habe. Er hätte nie daran gedacht, dass sie sich einmal für ihn interessieren würden. Und gerade jetzt, als er drauf und dran war, seinen leiblichen Vater zu kontaktieren, kam dieser Teil seiner Familie in Bewegung. Auch wenn er nach wie vor kein Interesse an einem Kontakt zu seiner Schwester verspürte, freute Daniel sich sehr darüber, dass seine Nichten ihn kennenlernen wollten – auch wenn dieser Kontakt für ihn nicht zum besten Zeitpunkt kam. Schließlich war er gerade in größter Aufregung, weil er nicht wusste, wie sein leiblicher Vater auf seinen Kontaktwunsch reagieren würde.

Ich riet Daniel, den Nichten per E-Mail zu antworten, dass er sich über die Kontaktaufnahme freue, jedoch gerade durch ein anspruchsvolles Projekt sehr ausgelastet sei, sich aber sofort melden würde, sobald er den Kopf dafür frei habe. Wir schickten den Brief an seinen Vater ab und es dauerte nicht lange, bis dieser sich zurückmeldete. Der Vater war sehr glücklich über den Brief. Er erzählte, dass er selbst schon lange nach seinem Sohn gesucht habe. Man hatte ihm damals keine Gelegenheit gegeben, die Vaterschaft offiziell anzuerkennen. Es sei alles sehr schnell gegangen mit der Adoption und er habe keinen Einfluss darauf gehabt. Seinen vier später geborenen Kindern habe er immer von Daniel erzählt, denn er sei ein wahrer Familienmensch. Seine Kinder seien immer sein Lebensmittelpunkt gewesen. Ich überbrachte Daniel sofort die freudige Nachricht und es dauerte keine Stunde, bis Vater und Sohn ein langes Telefonat führten. Sofort verabredeten sie sich für das kommende Wochenende in München. Daniel erzählte dem Vater, dass er beruflich in Köln zu tun habe. Der Vater gab ihm daraufhin die Telefonnummer seiner jüngsten Tochter, die in Köln lebte. Er würde ihr bald von der Neuigkeit erzählen, dass sein Erstgeborener und damit ihr ältester Bruder sich gemeldet habe. Daniel notierte die Nummer, rief aber nicht an, weil er angesichts der aktuellen Entwicklungen in seinem Job keine Kapazitäten dafür hatte.

Doch es passierte wieder etwas, das »besonders« anmutet, wenn man es *systemisch* betrachtet. Daniels Halbschwester aus Köln wusste noch nichts von den neuesten Geschehnissen in ihrem Familiensystem. Ohne Vorankündigung und ohne dass sie eine Begründung dafür wusste, rief sie ihren Vater an und fragte, ob sie ihn spontan besuchen könne. Der Vater hatte noch nicht alle Kinder informiert, sie kam ihm zuvor! Dass diese jüngste Tochter den Impuls verspürte, genau an diesem Wochenende nach München zu kommen, als Daniel dort seinen Vater das erste Mal treffen sollte, ist wieder etwas, woran sichtbar wird, welche Dynamiken in Systemen entstehen können, wenn sie einmal in Bewegung geraten sind.

Um das Bild des Mobiles noch einmal aufzugreifen: Daniel hat erlebt, wie sein *Familien-Mobile* und seine Position darin sich neu einpendelten. Sein Familiensystem fand eine neue Balance. Schon vorher hatte sich etwas Verschwiegenes in Daniels System *gemeldet*; ein wichtiger Teil seiner Herkunft hatte sich schon vorab in seinem Familien-Mobile platziert. Daniel wusste nicht, dass sein leiblicher Vater Marokkaner war, bis er seine Adoptionspapiere fand. Durch die Familienbesuche bei der Schwester seines Adoptivvaters, die einen Algerier geheiratet hatte, hatte er aber schon seine Affinität zur nordafrikanischen Kultur gespürt.

Familie: ein komplexes System oder nur kompliziert?

Ob eine ganze Familie in einem Mobile abgebildet werden kann, ohne dass sich dabei etwas verheddert, wage ich zu bezweifeln. In den meisten Familien sind mindestens drei Generationen am Leben: von den (Ur-)Großeltern bis zu den (Ur-)Enkeln. Hinzukommt, dass jede Generation von der Vorgängergeneration erzogen wird. So wirken die bereits verstorbenen Vorgängergenerationen noch immer auf die älteste noch lebende Generation ein.

Das bedeutet: Auf die meisten Familiensysteme haben vier bis fünf Generationen einen unmittelbaren Einfluss. Jede dieser Generationen ist von völlig unterschiedlichen gesellschaftlichen Umständen geprägt worden: von politischen Ereignissen wie Kriegen und Vertreibung, von gesellschaftlichen Entwicklungen wie der Automatisierung bis hin zur Digitalisierung. Die unterschiedlichen Lebenswelten führen dazu, dass jede Generation ihr ganz eigenes Weltbild hat, ihre eigenen Werte und Prioritäten. Im Kaiserreich beispielsweise wurden die Eltern noch gesiezt und *Zucht und Ordnung* waren wichtig. Daraufhin erzeugten zwei Kriege eine *stille Generation*, die durch vielfältige Traumata kaum Zugang zu den eigenen Gefühlen hatte (und hat). Die Kinder der Nachkriegsgeneration, die Babyboomer, leiden häufig selbst noch an posttraumatischen Belastungsstörungen, aber sie haben sich in den 60er- und 70er-Jahren einigermaßen aus der Gefühlsstarre ihrer Eltern befreit und bilden nun eine Generation von Friedens- und Umweltbewegten, die großen Wert auf Karriere und Wohlstand legt. Seit der Generation X zählen zunehmend Werte wie Freiheit und Mitgefühl. Für das Weltbild der Vorkriegsgenerationen besteht bei den ab 1965 Geborenen lediglich noch ein Verständnis aus dem Geschichtsunterricht. Diese ganz unterschiedlichen Wertvorstellungen haben unterschiedliche Verhaltensweisen und Prioritäten zufolge. Was ein *Problem* ist, wird von den Angehörigen der verschiedenen Generationen so unterschiedlich definiert wie *gutes Wetter* von Ostfriesen und Bewohnern einer Südseeinsel.

In der Systemtheorie wird ein kompliziertes System als berechenbar definiert. Ein komplexes System hingegen reagiert unvorhersehbar. Die Wechselwirkungen zwischen den Teilen des Systems sind lokal, ihre Auswirkungen in der Regel global (Kriz 2016). Bezogen auf Familiensysteme bedeutet das: Wenn Tante Ursel sich mit Onkel Paul zerstritten hat, hat das Auswirkungen auf die Hochzeitsplanung ihrer Nichte Sophie, die nun sehen muss, wie sie die beiden in der Sitzordnung platziert. Für Sophie und ihren Verlobten ist nicht vorhersehbar, ob Onkel Paul sich so betrinken wird, dass er Tante Ursel öffentlich beschimpft oder ob er sich Sophie zuliebe am Riemen reißen wird. Familie ist also eindeutig ein *komplexes System*! Die Fähigkeit der Selbststabilisierung und -regulation haben wir am Konzertbeispiel schon nachvollzogen. Als weiteres Kennzeichen eines komplexen Systems beschreibt die Systemtheorie, dass das zeitliche Verhalten nicht nur vom aktuellen Zustand, sondern auch von der Vorgeschichte des Systems abhängig ist.

Es ist also nicht nur komplex, sondern *sehr* komplex! Es wirken vier bis fünf Generationen miteinander und aufeinander ein. Aus wie vielen Menschen jede Generation besteht, hängt davon ab, wie viele Kinder die Großeltern hatten. Die Generationen unserer Urgroßeltern hatten oft noch mehr als vier Kinder und es war fast normal, wenn Kinder nicht überlebt haben. Je nach Familiengröße gibt es also zahlreiche Tanten und Onkel, Cousinen und Cousins, Nichten und Neffen und so weiter. Es ist der Normalfall, dass über 50 Personen die Protagonisten von drei Generationen darstellen. So ein Mobile bräuchte schon starke Seile und einen stabilen Haken, wollte man es tatsächlich bauen. Und wie berücksichtigt man beim Bau das besondere Gewicht derer, über die nur ungern gesprochen wird? Systemisch betrachtet können gerade sie nämlich ganz besonders wichtig sein. Dasselbe gilt für abgetriebene Kinder und Fehlgeburten, Kinder, die früh verstorben sind, und solche, die aus irgendeinem Grund nicht bei ihren biologischen Eltern bleiben konnten und in Pflege oder zur Adoption freigegeben wurden. Der Bau eines echten und vollständigen Familien-Mobiles würde wohl zu kompliziert.

Aber auch ohne Mobile: Wenn man darüber nachdenkt, wie viele verschiedene Menschen und ihre Geschichten einen zu der Person geformt haben, die man heute ist, ist es wahrscheinlich so, als wenn sich ein Tausendfüßler klarmacht, wie viele Füße er hat. Wahrscheinlich würde er beim Nachgrübeln darüber sofort ins Stolpern kommen.

Sie können sich das ganze Menschen- und Beziehungskuddelmuddel Ihres Familiensystems auch als großes Puzzle vorstellen: als Puzzle Ihrer eigenen, höchstpersönlichen Geschichte. Wenn Sie das tun, tritt wahrscheinlich das Problem auf, dass die Puzzleteile verstreut und durcheinander liegen. In den allermeisten Fällen sind die Puzzleteile nicht einmal vollständig! Wer kennt schon seine ganze Familie? Meist hört es bei den Geschwistern der Großeltern schon auf.

Um die Dynamik in Ihrem Lebenspuzzle besser zu verstehen, versuchen Sie einmal, sich zusätzlich zu den Puzzleteilen vorzustellen, dass jedes davon wie ein Waschbecken mit einer Art Abfluss versehen ist. Genau wie bei einem Waschbecken liegt darunter ein Abflussrohr. Und diese Abflussrohre sind nun alle miteinander verbunden. Es liegt also eine Art *Röhrensystem* unter dem Puzzle.

Wenn Probleme in einem Leben auftauchen, werden sie gelöst. Um ein Problem zu lösen, wird Energie benötigt. Wurde das Problem erfolgreich gelöst, kann die Energie ungestört abfließen und die nachfolgenden Generationen bekommen von dem gelösten Problem nichts mit. Manchmal können Probleme aber nicht gelöst werden. Wenn sie zu groß sind, um sie zu bewältigen, wenn Sie *überwältigend* sind, sind es keine Probleme mehr, sondern Traumata. Und wenn ein Trauma nicht nur unverarbeitet ist, sondern zusätzlich tabuisiert wird, entfaltet es noch mehr Kraft in den nachfolgenden Generationen.

Verbreitete Traumata

- Trennung der Eltern
- Bombenangriffe
- Kampferlebnisse
- Sexueller Missbrauch
- Flucht/Vertreibung
- Verlust von Angehörigen
- Erleben von Gewalt und Verwundungen anderer

Kann eine Person Erlebtes nicht verarbeiten, kann die Energie nicht richtig abfließen. Sie gelangt unverarbeitet in das Rohrleitungssystem und wirkt dort wie eine Verstopfung, wie ein Knäuel Haare, das sich im Rohrleitungssystem eines Hauses immer weiter vorschiebt, bis jemand es entfernt. Übertragen auf ein Familiensystem schiebt sich das Knäuel nicht durch ein Haus, sondern durch die Generationen. So ein *Knäuel Unverarbeitetes* kann sich auf ganz unterschiedliche Weise auswirken und zeigen.

Katrin war adoptiert worden und suchte ihre Mutter. Sie erzählte im Vorgespräch, dass sie selbst mit 25 schwanger wurde.

Sie sei zu dieser Zeit mitten im Medizinstudium gewesen und wollte unbedingt Zahnärztin werden. Mit guter familiärer Unterstützung versorgte sie das Kind und studierte erfolgreich zu Ende. Nachdem sie Kontakt zu ihrer leiblichen Mutter aufgenommen hatte, erfuhr sie, dass diese eine Fehlgeburt hatte – und zwar als sie 25 Jahre alt war. Sie hatte diesen Verlust nie richtig betrauert, war gleich zur Tagesordnung übergegangen. Katrin vermutet, dass ihre ungeplante Schwangerschaft mit dem unverarbeiteten Trauma ihrer leiblichen Mutter zusammenhängen könnte: dass der eigene, eigentlich unvernünftige Kinderwunsch eine Folge der unverarbeiteten Fehlgeburt ihrer Mutter im gleichen Alter war.

Wolfgang erzählte, dass er immer finanzielle Probleme gehabt habe. Er war der Meinung, dass er alles dafür tue, dass es ihm finanziell gut gehe, aber er geriet immer wieder in die Situation, dass sein Geld nicht reichte. Dennoch – oder gerade deshalb – machte er sich auf Spurensuche, denn in seiner Familie wurde die Geschichte erzählt, dass seinem geliebten Großvater das Geld auch zwischen den Fingern zerronnen war. Er war bekannt dafür, chronisch pleite zu sein und sich mit allem, was er anfasste, zu verzocken. Seine Familie erzählte, dass er jemand gewesen sei, dem niemand mehr Geld leihen wollte, weil er es nie zurückgezahlt habe. Er sei verarmt verstorben. Wolfgang glaubte, dass seine Situation quasi das aus dem Abfluss nach oben getretene Problem seines Großvaters war. Er hatte den Wunsch, zu verstehen, was der Grund für die Nöte seines Großvaters gewesen war. Er sah darin eine Chance, die Auswirkungen, die dieses *Unaufgelöste* in seinem Leben entfaltete, zu stoppen. Durch Recherchen und gezielte Fragen in seiner Familie erfuhr er, dass der Großvater als Kind Hunger und Obdachlosigkeit erleiden musste. Das Verständnis für die Situation seines Großvaters half Wolfgang. Er formulierte es so, dass er sich immer ein Stück »wie ferngesteuert«

gefühlt habe. Dieses Gefühl sei nun vorbei und er habe die Kontrolle über seine Finanzen zurückgewonnen.

Auswirkungen unverarbeiteter Traumata zeigen sich oft auch in Partnerschaften, die einfach nicht gelingen wollen oder wenn Menschen vermeintlich immer wieder *an die Falschen* geraten. Auch Krankheiten oder psychische Störungen können Hinweise darauf sein, dass sich ein nicht verarbeitetes Trauma oder Problem seinen Weg durch die Generationen gebahnt hat.

Wenn Sie Ihr Puzzle so vollständig wie möglich zusammengesetzt haben, gibt es eine Chance, dass Sie verstehen, wo genau bestimmte Probleme herrühren könnten. Wo gibt es eine Störung in Ihrem Familiensystem, wo schlummert etwas Verschwiegenes? Wenn Sie sich das gedachte Röhrensystem unter den Puzzleteilen anschauen, kann es vielleicht helfen, aus verschiedenen Perspektiven durch diese Rohre zu schauen und sich zu überlegen, bei wem warum eine Verstopfung aufgetreten sein könnte. Bei wem wurden starke Emotionen durch Probleme und Traumata nicht aufgelöst? Wohin könnten sie sich, wie das Haarknäuel im Abflusssystem eines Hauses, verschoben haben? Kommt man erst einmal darauf, wo eine Verstopfung ihren Ursprung hatte, lassen sich die Probleme auch im Hier und Jetzt besser lösen.

Wenn man sich dieses Geflecht von Familienmitgliedern, das sich über drei Generationen erstreckt, anschaut und sich ein darunter liegendes Rohrleitungssystem vorstellt, bei dem jeder mit jedem verbunden ist, ist es schwer zu erkennen, wohin sich welche unaufgelösten Traumata verschoben haben könnten. Als Hilfe oder Wegweiser auf der Suche nach Knäueln von möglicherweise Unausgesprochenem in Ihrem Familiensystem könnten die Forschungen der Psychologen Jerome Bach und Alan Andersons vom Bach-Institut in Minneapolis, USA dienen, die John Bradshaw in seinem Buch *Familiengeheimnisse* (2015) erläutert. Den

Forschungen der Psychologen zufolge gibt es von Familiensystemen bevorzugte Dynamiken, die sich aus den jeweiligen Geschwisterfolgen ergeben. Ich gehe hier nur auf die Frage ein, in welche Richtung, väterliche oder mütterliche Seite, man seine Sinne schärfen sollte. Zu den Geschwisterstellungen und den Beziehungen untereinander empfehle ich Dr. med. Birgit Hickeys Buch *Wie die Familie unser Leben bestimmt – Genogramm und systemische Aufstellungen* (2022).

- Das erste Kind hat eine besondere Affinität zum Vater und seinen immanenten Problemen.
- Das zweite Kind hat eine besondere Affinität zur Mutter und ihren immanenten Problemen.
- Das dritte Kind hat eine besondere Affinität zur Ehe der Eltern und den darin immanenten Problemen.
- Das vierte Kind hat eine besondere Affinität zur gesamten Familie und den darin immanenten Problemen.
- Das fünfte Kind ist wie das erste Kind zu sehen, das sechste wie das zweite usw.
- Bei Einzelkindern gibt es keine besondere Korrelation, hier kann es interessant sein, jede Richtung zu überprüfen.

Um das gesamte Röhrensystem zu verstehen und zu sehen, wer darin mit wem wie zusammenhängt und vor allem, was aus Ihrem System auf Sie selbst besonders starke Auswirkungen hat, muss man es zunächst einmal visualisieren. Das Puzzle muss geordnet und zusammengesetzt werden, damit das darunterliegende System verstanden werden kann.

Genogramme – Wie Sie Ihr Lebenspuzzle zusammensetzen: eine Anleitung

Um sich einen Überblick über das eigene Lebenspuzzle zu verschaffen, gibt es Genogramme. Sie können sich ein Genogramm tatsächlich wie ein Puzzle vorstellen: jeder Mensch ein Puzzleteil.

Die Idee, sich eine Familie auf diese Art zu veranschaulichen, entstand Mitte des zwanzigsten Jahrhunderts, als der Psychologe Murray Bowen die sogenannte systemische Therapie begründete. Alles auf einen Blick zu haben, *wer mit wem, wann, warum oder warum nicht* zusammenhing half ihm, die Dynamiken in Familien besser zu verstehen.

Die meisten Menschen beginnen ein Puzzle, indem sie zuerst die Randteile heraussuchen und zusammenfügen. Sie bilden eine Art Rahmen, in den dann die anderen Teile eingefügt werden können. Genauso beginnt auch ein Genogramm: mit dem Rahmen. Wie ein Puzzle kann seine Erstellung mehrere Tage, Wochen oder Monate in Anspruch nehmen.

Es gibt spezielle Genogrammsoftware zum Download, einige sogar kostenlos. Möchten Sie Ihr Genogramm haptisch erarbeiten, empfehle ich Ihnen, eine Rolle Plotterpapier in A0-Übergröße im Internet zu bestellen.

In einem Genogramm ist jede Generation auf einer eigenen Ebene angeordnet. Sie starten mit sich selbst unten in der Mitte. Wenn Sie Kinder und Enkel haben, lassen Sie unter ihrem eigenen Symbol noch genug Platz für diese zwei Ebenen, ohne Enkel eine Ebene. Eine Ebene über Ihnen liegt die Generation Ihrer Eltern, Tanten und Onkel, darüber die Ebene der Großelterngeneration. Ihre Cousins und Cousinen, die Kinder Ihrer Tanten und Onkel, werden auf derselben Ebene notiert, auf der sich Ihr Symbol befindet, da Sie derselben Generation angehören. Da jede Generation konsequent auf einer Ebene bleiben soll, kann sich das Genogramm sehr in die Breite entwickeln. Sie haben mindestens zwei Eltern, vier Großeltern, acht Urgroßeltern und je älter die Generation, desto mehr Kinder hatten die Familien wahrscheinlich.

Wenn Sie nicht einschätzen können, wie viel Platz benötigt wird, zeichnen Sie die Symbole zunächst jeweils entweder auf Klebezettel oder auf DIN-A5-Bogen und kleben sie mit wieder ablösbarem Klebeband auf das Papier. So können Sie sie frei verschieben und bleiben flexibel.

Erstellen eines Genogramms: Schritt 1 – Formalia

Im ersten Schritt erstellen Sie also wie beim Puzzle den Rahmen: Er besteht aus den Informationen und Daten, die Sie selbst schon kennen.

Folgende Symbole* werden genutzt:

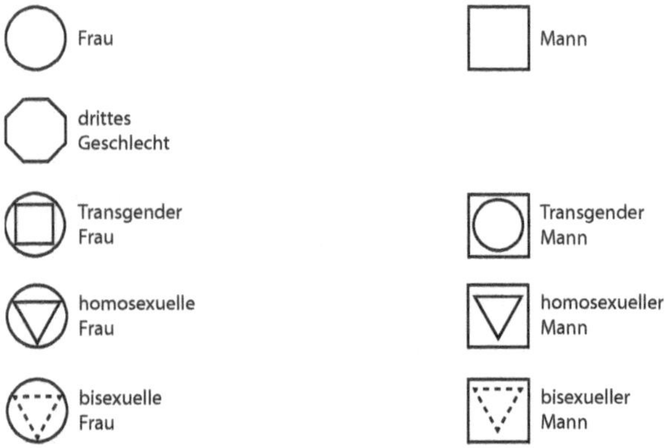

* Quelle: ABIS – Institut für systemische Kompetenz GmbH, Leipzig

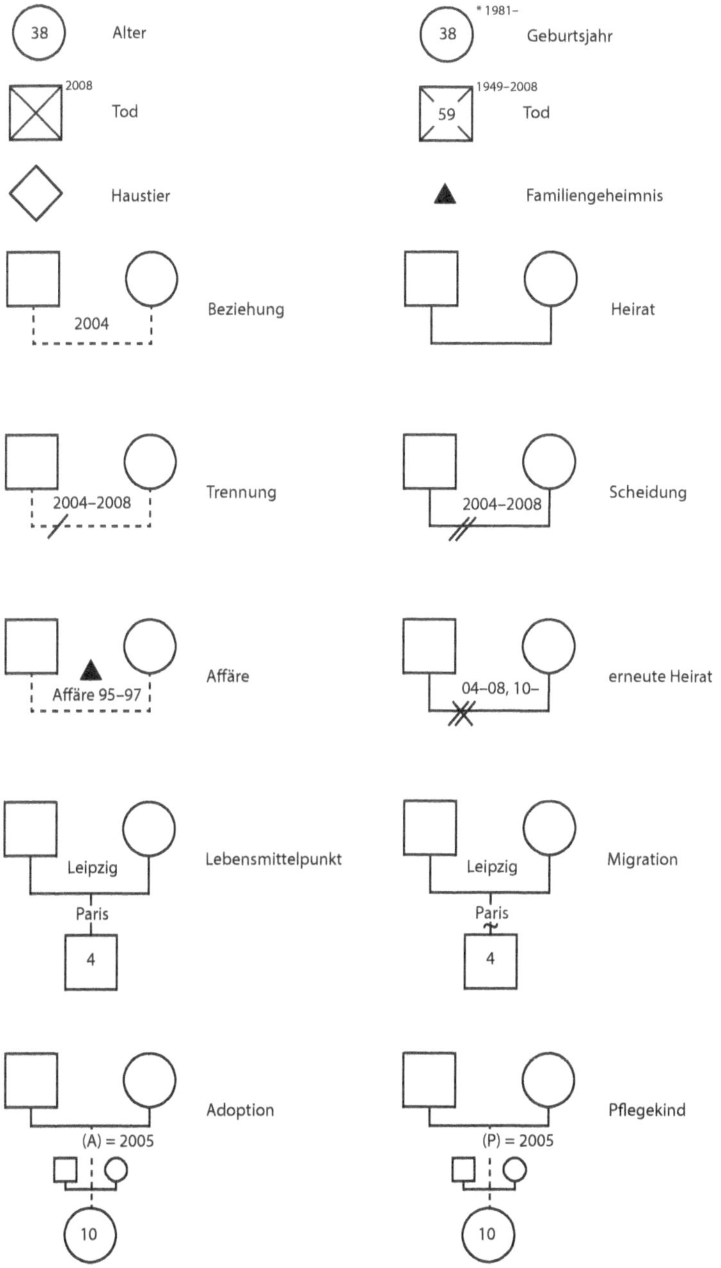
38
Alter
38
* 1981–
Geburtsjahr
2008
Tod
1949–2008
59
Tod
Haustier
Familiengeheimnis
2004
Beziehung
Heirat
2004–2008
Trennung
2004–2008
Scheidung
Affäre 95–97
Affäre
04–08, 10–
erneute Heirat
Leipzig
Paris
4
Lebensmittelpunkt
Leipzig
Paris
4
Migration
(A) = 2005
10
Adoption
(P) = 2005
10
Pflegekind

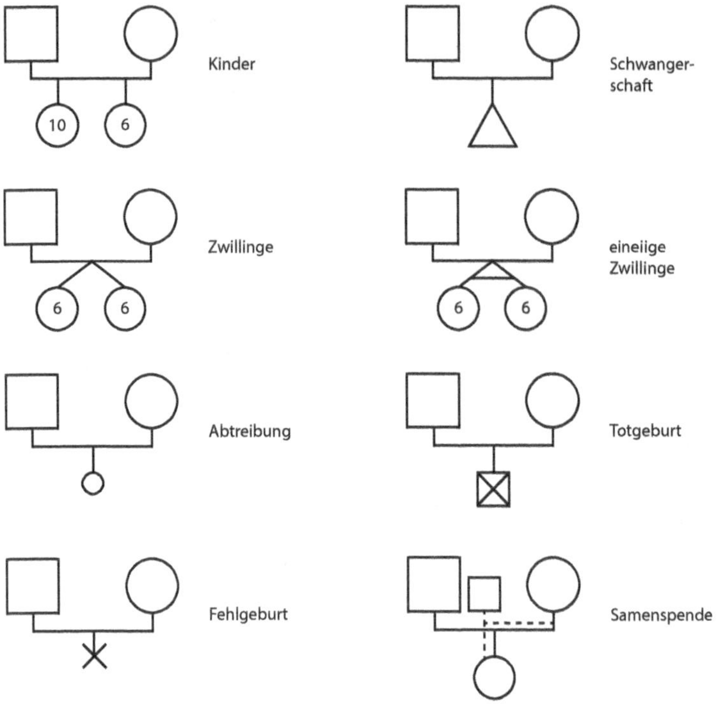

Bei einem Paar steht das männliche Symbol auf der linken und das weibliche Symbol auf der rechten Seite, eine einfache horizontale Linie verbindet es. Wenn das Paar verheiratet ist, kann das durch einen ineinander verschränkten Doppelkreis dargestellt werden, neben dem das Heiratsdatum oder -jahr notiert wird. Geschwister werden immer von links nach rechts angeordnet: Das älteste Kind steht auf der linken Seite, das jüngste rechts. Krankheiten, Behinderungen, Süchte oder besondere Charaktermerkmale können durch eigene Symbole visualisiert werden. Wichtig ist, dass Sie selbst etwas damit anfangen können.

Zu den oben aufgeführten Symbolen visualisiert John Bradshaw (2015) ergänzend die Art der Beziehung. Er tut das, indem er die Ausgewogenheit von Intimität und Abgrenzung darstellt.

Drei Striche symbolisieren eine gesunde Beziehung. Die obere und untere Linie zeigen, dass sich gegenseitig Zugang in den persönlichen Innenraum gewährt wird, die mittlere zeigt, dass jeder aber auch für sich seine Privatsphäre hat, sein *eigenes* Leben lebt und leben darf. Diese Wahrnehmungen sind allerdings in meinen Augen sehr subjektiv und könnten eine Wertung darstellen, die nicht unbedingt zutreffend sein muss.

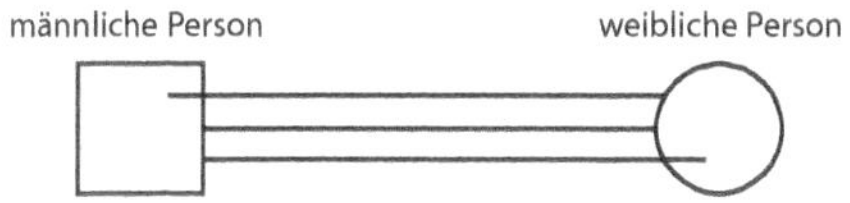

Ein schräger Strich symbolisiert eine Trennung. Die Jahreszahl kann bestenfalls danebengeschrieben werden.

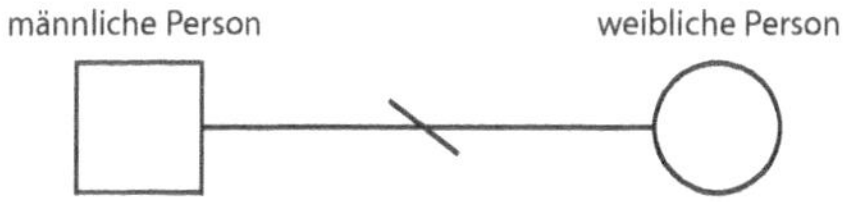

Zwei schräge Striche bezeichnen eine Scheidung.

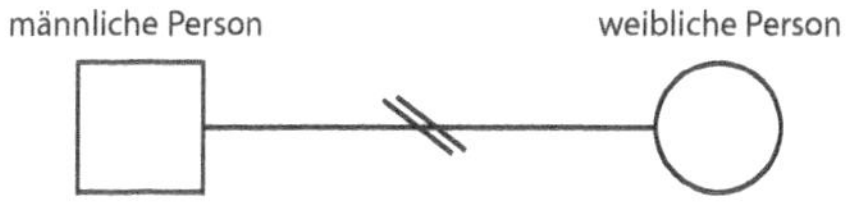

Eine gezackte Linie zwischen zwei Menschen bedeutet einen Konflikt.

Bradshaw hat noch ein weiteres Symbol ergänzt. Er bezeichnet es als ein »Intimitätsvakuum«, wenn zwei Menschen nicht nur einen Konflikt, sondern eigentlich kaum noch etwas gemeinsam haben.

Bradshaw ist in erster Linie Familientherapeut und hat daher den Fokus auf die Beziehungen zwischen Menschen gelegt. In seinem Buch *Familiengeheimnisse* (2015) sind weitere Symbole zu finden. Die oben beschriebenen sind für unsere Genogramme in der Regel ausreichend. Wenn Sie welche haben, können Sie auch Fotos der Personen in Ihr Genogramm kleben.

Ein Genogramm* ohne Fotos sieht in etwa so aus:

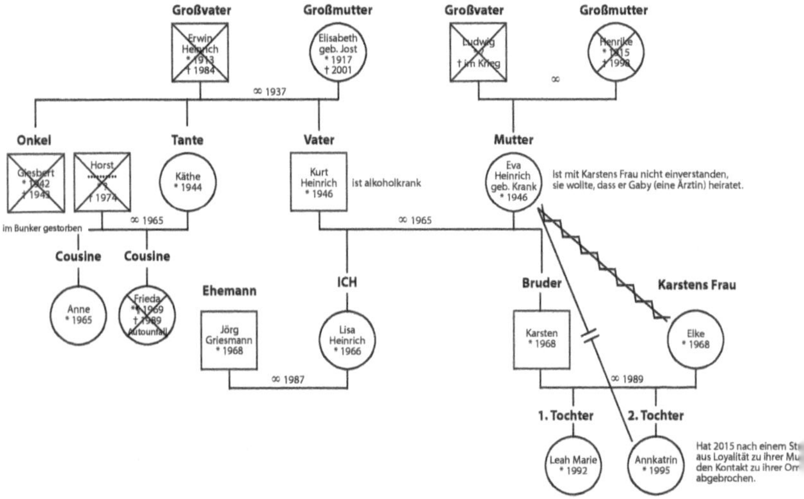

Ich persönlich finde es hilfreich, sich die jeweiligen Zeitfenster, in denen die dargestellten Personen gelebt haben, zusätzlich zu visualisieren. Zum Beispiel, indem man sich am linken Blattrand die jeweilige geschichtliche Situation oder das Lebensgefühl dazuschreibt, die für die betreffende Generation gesellschaftlich

* Genogramm erstellt nach Vorlage der Autorin

bestimmend waren. Etwa »haben den Zweiten Weltkrieg aktiv miterlebt« oder »wurden im Zweiten Weltkrieg geboren und haben die Hungerjahre, aber auch das Wirtschaftswunder erlebt«. Um die rechte Gehirnhälfte zu aktivieren, die für die Emotionen zuständig ist, können auch Bilder aus den jeweiligen Zeiten zur entsprechenden Ebene geklebt werden.

Ihr Genogramm kann immer wieder verändert und ergänzt werden. Bei einigen Menschen entwickelt sich ein Genogramm über die Zeit hinweg zu einer bunten Collage, einem richtigen Kunstwerk.

Wenn Sie die Informationen aus dem Gedächtnis, Fotoalben oder Unterlagen beziehen, wäre es gut, folgende Daten für den groben Umriss Ihres Familiensystems zu haben:

- Vorname, Nachname (mit Geburtsname)
- Geburtsdatum und -ort
- Datum und Ort der Hochzeit
- Kinder
- Todesdatum und -ort

Welche weiteren Daten und Informationen Sie in Ihr Genogramm aufnehmen möchten, entscheiden Sie selbst. Um unverarbeiteten Aspekten auf die Spur zu kommen, sollten Muster und Ereignisse, die sich über Generationen hinweg wiederholt haben, deutlich markiert werden. Dabei könnte zum Beispiel relevant sein:

- Die Religionszugehörigkeit
- Gab es eventuell weitere wichtige Partner und außereheliche Kinder?
- Gab es Scheidungen, Trennungen?

- Sind Kinder mit Mitteln der Reproduktionsmedizin wie Samenspende oder Leihmutterschaft entstanden?
- Wurden Kinder zur Adoption frei- oder in Pflege gegeben?
- Wurden Kinder adoptiert oder in Pflege genommen?
- Gab es Abtreibungen?
- Gab es Fehlgeburten?
- Gab es Totgeburten?
- Gab es Frühgeburten (wie früh)?
- Gab es vermisste Familienmitglieder?
- Gab es ausgegrenzte Familienmitglieder?
- Gab es tabuisierte Familienmitglieder?
- Gab oder gibt es besonders enge Bindungen untereinander?
- Gab oder gibt es besondere Abneigungen untereinander?
- Gab oder gibt es Kontaktabbrüche?
- Gab oder gibt es Tabuthemen?
- Gab es schwere Unfälle?
- Gab es Suizide?
- Gab es Missbrauch?
- Gab es Gewalt?
- Gab es Morde?
- Gab es Inhaftierungen?
- Gab es Flucht oder Vertreibung?
- Gab es Hunger?
- Gab es unmittelbar erlebte Kriegsereignisse?
- Gab es Vernachlässigung?
- Gab oder gibt es chronische Krankheiten?
- Gab oder gibt es unheilbare Krankheiten?
- Gab oder gibt es schwere Behinderungen?
- Gab oder gibt es psychische Krankheiten?
- Gab oder gibt es Depressionen?
- Gab oder gibt es Angststörungen?

- Gab oder gibt es Süchte?
- Gab oder gibt es größere finanzielle Verluste?
- Gab oder gibt es Firmenpleiten?
- Gab es Auswanderungen?
- Wer hatte welche Nationalität?
- Gab oder gibt es Homosexualität?
- Gab oder gibt es besondere sexuelle Präferenzen?
- Gab oder gibt es uneindeutige Geschlechter oder Geschlechtsumwandlungen?
- Ist bekannt, dass ein Junge von den Eltern eigentlich als Mädchen gewünscht wurde oder ein Mädchen eigentlich ein Junge werden sollte?
- Wer hatte welchen Beruf?
- Wer hatte welchen Sozialstatus?
- Wer hatte welchen Bildungsgrad?
- Gab es besondere Erfolge?
- Gab es besondere Talente oder Begabungen?
- Gab es besondere (extreme) Hobbys?
- War oder ist jemand besonders fürsorglich?
- War oder ist jemand besonders in sich gekehrt?
- Fühlte sich jemand für den Tod oder das Unglück von jemand anderem verantwortlich?
- War oder ist jemand besonders untreu?
- War oder ist jemand ständig auf Reisen?
- Gab es Erbstreitigkeiten?
- Wer profitierte von Verlusten eines anderen?

Da Sie im ersten Schritt nur die Ihnen zur Verfügung stehenden Daten aufgeschrieben haben, wird Ihr Genogramm noch viele Platzhalter und Fragezeichen haben. *Wie viele Geschwister hatte Oma nochmal? Waren da nicht noch eine Else und ein Kurt, die aber als Kinder auf der Flucht gestorben sind? Was war eigentlich mit der Tante, die diesen Alkoholiker geheiratet hat? Hat die sich nicht scheiden lassen, nachdem der mal einen ganzen Monatslohn verspielt hatte? Oder war der Spieler Onkel Peter, Mamas Bruder?*

Auch wenn vielleicht noch mehr leere Kästchen mit Fragezeichen als Daten in Ihrem Genogramm zu sehen sind, ist es wichtig, dass Sie die Protagonisten Ihrer Familie über mindestens drei Generationen hinweg aufzeichnen.

Ich empfehle Ihnen, das erste Stadium Ihres Genogramms, das nur aus Ihren eigenen Erinnerungen stammt, mit einer anderen Farbe zu zeichnen als die weiteren Ergänzungen, die Sie mithilfe von Fotos oder Dokumenten und später auch Erzählungen Ihrer Verwandten eingetragen haben. Sie können auch die erinnerten Fakten der jeweiligen Verwandten farblich markieren. Denn wer sich an welche Personen und Geschichten erinnert, kann ebenso eine Spur zu den Themen sein, die Sie ganz persönlich betreffen.

Erstellen eines Genogramms: Schritt 2 – Den richtigen Personen die richtigen Fragen stellen

Erst nachdem alle selbst erinnerten und aus eigenen Dokumenten und Fotos zusammengesammelten Daten und Informationen notiert sind, fragen Sie andere. Es müssen nicht zwingend zuerst Verwandte sein. Werden Sie *Gefühlsdetektiv*: Suchen Sie nach intensiven Gefühlen bei Ihren Vorfahren. Überall dort, wo Schmerz, Traurigkeit, Verlassenheit, Angst, Wut oder Scham aufgetreten sind, lohnt es sich, genau hinzuschauen und zu überprüfen, ob aus dem betreffenden Puzzlestück etwas von den Gefühlen nicht *zu Ende gefühlt* wurde, nicht verarbeitet werden konnte und sich so ein Knäuel im Röhrensystem gebildet hat, das sich vielleicht den Weg zu Ihnen gebahnt haben könnte.

Jede Familie hat ihre *Storys*, die immer und immer wieder erzählt werden. Diese zur Familientradition gehörenden Geschichten können Hinweise darauf geben, welche Fragen wichtig sein könnten. Wie Onkel Christoph den Nachbarn zur Rede gestellt hat, weil er sein Auto falsch geparkt hatte und die beiden danach beste Freunde wurden. Oder wie Oma einem Bombenangriff entgangen ist, weil sie ihr Schulheft vergessen hatte, wieder zurückmusste und so den Zug verpasst hat, in dem ihre Schulkameradinnen ums Leben kamen. Schauen Sie sich genau an, wer die Protagonistinnen und Protagonisten dieser immer wieder erzählten Geschichten sind. Dass genau *ihre* Geschichten erzählt werden und nicht die der anderen Familienmitglieder, hat vielleicht einen Grund. Kommt eine Hälfte der Familie eventuell überhaupt nicht in den Erzählungen vor? Wurde der Familienzweig des vertriebenen Großvaters nicht gesehen und blieb gänzlich unerzählt? Genau in solchen unbeleuchteten Nestern können wichtige Informationen verborgen sein.

Hinweise auf unverarbeitete Konflikte bei den Vorfahren bieten häufig auch Erbstreitigkeiten. Wenn Ihnen bekannt ist, dass sich mal um ein Erbe gestritten wurde, fragen Sie nach und schauen Sie, welcher Konflikt *wirklich* dahinterstand. Wenn Sie sich Ihre Fragen aufgeschrieben haben und dahinter notieren, wer sie Ihnen voraussichtlich am besten beantworten kann, haben Sie gleich eine Prioritätenliste bei Ihren Verabredungen für die Interviews. Die Person, die die meisten Fragen beantworten kann, wird zuerst befragt.

Wenn Sie sich mit Ihren Gesprächspartnern treffen, fragen Sie sie nach alten Fotos. Das ist ein guter Aufhänger, um ins Gespräch zu kommen. Schauen Sie sich die Bilder genau an: Wer wurde am häufigsten fotografiert, wer steht abseits? Wie sind die Gesichter, was verraten die Bilder eventuell über die Beziehungen untereinander? An welchem Ort wurden die Fotos gemacht? Stellen Sie sich am besten die Situation vor, die der Fotograf vorgefunden haben könnte, als er bei Ihrer Familie angekommen ist.

In der Regel freuen sich Menschen, wenn sich jemand für sie interessiert, andererseits möchte niemand *ausgefragt* werden. Haben Sie Ihre Fragen zwar im Blick, aber lassen Sie die Interviewpartnerin oder den Interviewpartner möglichst frei erzählen. Es mag sein, dass bestimmte Fragen für *Sie* besonders wichtig sind, die für die andere oder den anderen jedoch völlig irrelevant erscheinen oder ihn oder sie vor eine Herausforderung stellen – eine Konfrontation mit alten Themen, die schon lange erfolgreich verdrängt worden sind. Warum sollte nun ausgerechnet in dem Gespräch mit *Ihnen* an diesen Themen gerührt werden? Vielleicht kann Ihr Gegenüber einfach nicht nachvollziehen, wie wichtig das Thema für Sie ist. Oder aber er oder sie empfindet das Wissen als nicht wichtig und möchte Sie mit den *alten Geschichten* nicht langweilen. Wenn Sie Ihre Fragen aufgeschrieben haben, ist es gut, sich zwischendurch zurückzuziehen und sich den Zettel durchzulesen, um zu überprüfen, welche Fragen eventuell noch unbeantwortet sind.

Gesprächspartnerinnen und -partner nicht überfordern

Es mag Themen geben, die Ihre Gesprächspartnerinnen und -partner belasten könnten, die gerade, wenn Sie sich selten sehen, vielleicht als zu intim oder direkt empfunden werden könnten. Wenn Sie einer besonders schwierigen Situation auf den Grund gehen wollen, ist es deshalb vielleicht ratsamer, sich diesen Themen so anzunähern, wie Sie eine schmerzende Wunde behandeln würden. Sie würden sicher nicht mitten in die Wunde fassen, sondern sich eher vom Rand her vortasten. Das bedeutet, dass Sie bei besonders kritischen Themen bei Ihren Befragungen vielleicht mit Menschen anfangen, die eher weiter außen zu finden sind. Sie müssen nicht Ihren Großvater direkt ansprechen, um zu erfahren, was er im Luftschutzbunker erlebt hat. Sein ehemaliger Schulfreund oder die ehemalige Nachbarin der Familie sind oft auskunftsbereiter als die Betroffenen selbst. Ihre Erzählungen können auch Hinweise auf weitere wichtige, unbearbeitete Familienthemen geben.

Berücksichtigt werden sollte hierbei, dass die Person, die Ihre Fragen beantworten kann, selbst eine ganz andere Sicht auf die Geschichte und ihre Zusammenhänge haben kann. Es ist leicht, eine Frage einfach abzutun oder nicht ernst zu nehmen. Deshalb macht es Sinn, sich gut zu überlegen,

- *wen* man
- *was* und
- *mit welchem Ziel* fragen möchte.

Daraus ergibt sich, *in welchem Rahmen* man fragen sollte.

Ich würde davon abraten, ein Familientreffen dafür zu nutzen, mal eben Tante Edith nach dem immer verschwiegenen Liebhaber ihrer Schwester zu fragen, um endlich zu erfahren, wer der eigene Vater ist. Besser ist es, das Familienfest dafür zu nutzen, eine gute Beziehung zu Tante Edith herzustellen und sich mit ihr zu einem separaten Termin zu verabreden. Es ist auch nützlich, sich vorher genau in Edith einzufühlen: Was bedeutet Ihre Frage für sie? Wie ist ihre Sicht auf Ihr Thema? Vielleicht hat sie sich vor langer Zeit schon entschieden, über diesen Mann, der ihre Schwester damals so ins Unglück gestürzt hat, nie wieder zu sprechen.

Lügen erkennen, Wissensträger einkreisen und Überraschungsmomente nutzen

Bei gut gehüteten Tabus ist es nicht unwahrscheinlich, dass entweder Sie selbst oder andere Familienmitglieder bereits danach gefragt haben. Die Hüter des Geheimnisses sind es gewohnt, diesen investigativen Fragen auszuweichen oder sie abzuwiegeln. Wie eine Platte, bei der der Tonabnehmer immer wieder in dieselbe Rille rutscht, winden sie sich aus dem Verhör heraus. Es bleibt Frustration auf beiden Seiten und leider sinkt die Wahrscheinlichkeit, etwas aus der Person herauszubekommen, mit jedem Mal, mit dem das bewährte Frage-keine-Antwort-Spiel abläuft. Wenn sich ein Mensch dazu entschieden hat, nichts zu erzählen oder wenigstens nicht alles oder nicht die Wahrheit, dann lässt sich daran erst einmal nichts ändern.

In einigen Fällen hilft es, wenn eine außenstehende die betroffene Person unerwartet fragt. Dadurch fällt der wichtige Faktor *Scham* vielleicht weg – ähnlich wie bei dem Effekt, den Barkeeper oder Taxifahrer erfahren, denen wildfremde Menschen ihre Lebenslügen offenbaren und (meist ungefragt) Einblick in ihr Innerstes gewähren.

Ich habe mir diesen Effekt schon bei einigen Suchen zunutze machen können, zum Beispiel bei Mareike. Sie hätte sich als Kind nie vorstellen können, dass sich ihre Mutter auf einen Seitensprung einlassen und sie selbst das Ergebnis dieser außerehelichen Affäre sein könnte. Plötzlich wurde ihr bereits verstorbener Vater zum Stiefvater degradiert. Ihre Mutter wollte den Namen ihres damaligen Verehrers partout nicht nennen. Sie behauptete immer wieder, sich nicht an den Namen zu erinnern. Mareike hatte Zweifel daran, sie kannte ihre Mutter doch so gut, dass sie wusste: Sie würde sich nicht mit einem Mann einlassen, mit dem sie nicht wenigstens ein *einigermaßen* vertrautes Verhältnis hatte. Mareike bat die Mutter, ob ich sie anrufen dürfe. In dem Telefonat erzählte sie die Geschichte, die sie Mareike wahrscheinlich schon hundertmal erzählt hatte. In langen Gesprächen mit der Mutter überzeugte ich sie davon, dass sie nichts zu befürchten hatte. Mareike habe das per Verfassungsgerichtsurteil verbriefte Recht auf Kenntnis ihrer Abstammung und es gebe psychologische Gutachten, die untermauerten, dass es für die persönliche Entwicklung wichtig sei zu wissen, woher man komme. Die Frage nach Erbkrankheiten sei auch für die eigene Familienplanung ihrer Tochter wichtig. Als ich ihr versprach, dass ich zuerst den Vater fragen würde, ob er mit einer Kontaktaufnahme einverstanden sei und ich sie davon abhängig machen würde, nannte Mareikes Mutter mir den Namen des Vaters. In ähnlicher Art und Weise ist es schon häufiger gelungen, Menschen davon zu überzeugen, mit ihrem Wissen eine Lücke bei meinen Klientinnen und Klienten zu schließen – einfach aus dem Grund, dass von einer anderen Seite mit vermeintlich anderer Motivation und ein Stück weit anonym gefragt wurde.

Woran erkennt man, dass jemand nicht die (ganze) Wahrheit erzählt?

Kriminologinnen und Kriminologen erkennen eine Lüge daran, dass ein Ereignis immer in der gleichen Weise und stets aus derselben Perspektive erzählt wird. Eine authentische Erzählweise ist daran zu erkennen, dass Befragte ihre Geschichte jedes Mal, wenn man auf das Thema zu sprechen kommt, aus einer anderen Perspektive erzählen.

Frage ich meine Oma zum Beispiel nach ihrem Aufenthalt und ihrer Jugendzeit in einem Zeltlager in Dänemark, wird sie mir an einem Tag von den schönen Strandspaziergängen und an einem anderen Tag von den gemütlichen Regennachmittagen im großen Gemeinschaftszelt erzählen. Sie wird jedes Mal die Erzählperspektive wechseln, weil sie sich immer an andere Details aus dieser Zeit erinnert. Wenn meine Oma jedoch gar nicht in einem Zeltlager war, sondern unentdeckt ein Kind entbunden hat, das später zur Adoption freigegeben wurde, erzählt sie immer die gleichen Geschichten aus immer derselben Perspektive: »Ich bin mit dem Zug gefahren, der kam viel zu spät, und ich bin fast nicht mehr zu meiner Gruppe gelangt. Das Zeltlager war wunderbar, das Essen war lecker und die Strandspaziergänge waren wunderschön.« In dieser oder ähnlicher Reihenfolge erzählt sie die Geschichte ihres Aufenthaltes immer und immer wieder. Das sollte stutzig machen.

Problematisch ist es besonders dann, wenn die betroffene Person über Jahrzehnte dieselbe Unwahrheit sagt, denn ab einem gewissen Punkt glaubt sie selbst daran, dass sich die Ereignisse so zugetragen haben. In einem solchen Fall ist es meiner Meinung nach aussichtslos, die Wahrheit von genau dieser Person zu erfahren.

Entscheidend ist, wie man fragt: gewaltfreie oder verbindende Kommunikation

Eine gute Möglichkeit, jemanden zum Sprechen zu bringen, ist die gewaltfreie Kommunikation nach Marshall Rosenberg (2012). Er hat sich Gedanken darüber gemacht, wie Menschen miteinander kommunizieren **können**, sodass sie einander *wirklich* verstehen und in diesem Vorhaben die gewaltfreie Kommunikation

(GFK) entwickelt. Einige Kritiker stören sich am Wort *gewaltfrei*, da das Wort *Gewalt* darin vorkommt. Deshalb wird diese Technik auch *verbindende* Kommunikation genannt. Sie zielt darauf ab, das Gegenüber dazu zu bringen, einen selbst möglichst genau zu verstehen und bestenfalls seine Handlung an diesem Verständnis zu orientieren. Die Brücke zwischen zwei Menschen, seien sie auch noch so verschieden, ist das Gefühl. Nicht das Gefühl, das sie *füreinander* haben! Es geht einfach nur um die Tatsache, *dass* sie fühlen.

Gefühle sind wie eine universelle Sprache, denn tatsächlich erlebt jeder Mensch genau die gleichen Gefühle: Freude, Angst, Erstaunen, Ärger, Trauer oder Ekel werden zwar bei jedem Menschen durch unterschiedliche Reize ausgelöst, doch sind die Gefühle erstmal da, fühlen sie sich für jeden Menschen genau gleich an. Das Gefühl ist immer dasselbe, wenn man verliebt ist: Der 80-jährige deutsche Opa und die 24-jährige Ureinwohnerin eines indigenen Stammes im tiefsten Regenwald Brasiliens haben das gleiche Gefühl von fliegenden Schmetterlingen im Bauch, wenn Amors Pfeil sie trifft.

Um sich verständlich zu machen, um deutlich zu machen, wie wichtig Ihnen Ihre Frage ist, ist es also wichtig, dass Ihr Gegenüber versteht, welches Gefühl Sie dazu bringt, diese Fragen zu stellen. Das klingt banaler, als es ist. Es gibt ganze Arbeitsgruppen und Forschungszirkel, die sich mit der Frage beschäftigen, was ein Gefühl ist und was nicht. Wenn Sie versuchen, Tante Edith zu erklären, dass sie sich ungesehen und betrogen fühlen, weil man Ihnen zeitlebens den Namen Ihres leiblichen Vaters vorenthält, hat das mit hoher Wahrscheinlichkeit keinen Erfolg, denn Sie drücken damit kein Gefühl, sondern einen Vorwurf aus: Jemand hat Sie betrogen. Jemand sieht Sie nicht. Tatsächliche Gefühle sind unabhängig vom Einfluss Dritter. In diesem Fall könnte das Gefühl mit Traurigkeit, Ohnmacht und Wut beschrieben werden.

Erkennen Sie den Unterschied? Ein echtes Gefühl, also das, was bei allen Menschen gleich ist und dadurch auch von allen Menschen verstanden werden kann, kommt aus einem selbst heraus, niemand *macht etwas* mit einem.

Seien Sie sich vor Ihrem Treffen mit Ihrer Tante Edith möglichst im Klaren darüber, welche Gefühle es genau sind, die Sie spüren, wenn Sie an die Lücke denken, die Sie durch das Gespräch füllen möchten. **Überprüfen Sie, ob es sich dabei wirklich um ein Gefühl handelt.** Im Internet gibt es Listen, in denen echte Gefühle genannt werden. Suchen Sie sich aus diesen Listen das zutreffende Gefühl oder die zutreffenden Gefühle heraus und merken Sie sich die Worte. Im Gespräch nutzen Sie ganz bewusst die Vokabeln, die Ihre Gefühle beschreiben. Es kann wie Zauberei wirken. Ich habe selbst schon oft erlebt, wie sich Gesprächspartnerinnen und -partner plötzlich öffnen, wenn man ihnen das eigene Gefühl mitteilt.

Es gibt eine zweite universelle Sprache neben den Gefühlen: die Bedürfnisse. Jeder Mensch, ob im Iglu am Nordpol oder auf dem Parkett der New Yorker Börse an der Wall Street, hat dieselben Bedürfnisse. Abgesehen von den physiologischen Grundbedürfnissen wie Schlaf, Essen, Trinken und so weiter **möchte jeder Mensch auch geliebt werden, in Sicherheit leben, irgendwo** ***dazugehören,*** selbstbestimmt sein und etwas Sinnvolles machen. Auch hier gibt es unter dem Stichwort *Bedürfnisse nach GFK* Listen im Internet zu finden.

Falls Sie sich schon mit der gewaltfreien Kommunikation nach Marshall Rosenberg auseinandergesetzt haben, kennen Sie die vier Schritte dieser Kommunikationsform vielleicht schon. Falls Sie jetzt das erste Mal von dieser Technik lesen, kann ich Ihnen nur einen kleinen Einblick in die *Welt der GFK* geben (Rosenberg 2012). Bleiben wir dazu bei unserer fiktiven Tante Edith.

1. **Beschreiben, was ist.** Zuerst muss Tante Edith verstehen, worum es bei Ihrem Anliegen geht. Beschreiben Sie Ihre Situation möglichst neutral. Hierbei ist es wichtig, möglichst nur das zu beschreiben, was beobachtbar war oder ist. Ob das, was Sie sagen, wirklich *objektiv* und ohne Wertung ist, können Sie überprüfen, indem Sie sich vorstellen, dass eine Kamera und ein Mikro das von Ihnen Gemeinte aufgenommen haben und eine außenstehende Person, die sich den aufgenommenen Film anschaut, beschreibt, was sie sieht und hört. Es dürfen keine Wertungen und keine Interpretationen auftauchen und nur ICH-Botschaften, keine Du/Ihr-Sätze, vorkommen. Nicht »Ihr habt mir immer vorenthalten, wer mein Vater ist«, sondern »**Ich habe nie erfahren**, wer mein Vater ist«.
2. **Gefühle benennen.** Dies ist nun der erste *verbindende* Part. Tante Edith soll genau nachvollziehen können, welche Gefühle bei Ihnen aufgrund des Beschriebenen entstanden sind. Dieser Part ist meiner Erfahrung nach oft schwerer als gedacht. Hier gilt es, das gewählte Gefühl daraufhin zu überprüfen, ob es aus Ihnen selbst heraus entstanden ist und es keinen *Täter* dafür braucht. Sich unverstanden oder nicht respektiert zu fühlen oder gekränkt zu sein, impliziert eine Person, die einen nicht versteht, nicht respektiert oder verletzt. Um traurig oder wütend zu sein, braucht es keine weitere Person. »Ich habe das Gefühl, dass …« oder »Ich fühle mich …« sind Anfänge, die Sätze leicht in die falsche Richtung lenken können. Der Satz »Ich habe das Gefühl, dass ihr mir etwas verheimlicht« mag zwar zutreffend sein, ist jedoch ungeeignet, um eine Brücke von Ihrem Herzen zu dem von Edith zu bauen. Wenn Sie jedoch sagen »Ich bin traurig darüber, so wenig über meinen Vater zu wissen« oder »Die Ungewissheit quält mich, und ich habe manchmal Angst, dass ich unbekannte Erbkrankheiten

haben könnte«, kann Edith Traurigkeit, Angst und »quälende Ungewissheit« nachfühlen. Sie weiß, wie sich Traurigkeit anfühlt, wie unangenehm Angst ist und hat vielleicht auch schon quälende Ungewissheit erleben müssen.

3. **Das Bedürfnis benennen, das nicht befriedigt ist.** Benennen Sie, was dafür verantwortlich ist, dass das beschriebene Gefühl überhaupt entstehen konnte – natürlich ohne Vorwürfe zu machen. »Ich hätte gerne Sicherheit über das Erbgut, das ich an meine Kinder weitergebe.« Oder: »Gewissheit über meine biologischen Vorfahren zu haben, würde mich innerlich beruhigen.« Edith hat selbst das Bedürfnis nach Sicherheit und kennt auch die Sehnsucht nach Ruhe. Wenn Ihnen die Schritte 1 bis 3 gelungen sind, sind eine Herzensverbindung und damit Verständnis für Ihre Situation geschaffen.
4. **Um Hilfe bitten.** Auf dieser Grundlage können Sie nun den nächsten Schritt wagen: um Ediths Hilfe bitten. Es geht nicht darum, sie *dazu zu bringen* oder sie zu *überreden,* dass sie Ihnen hilft. Ich schreibe bewusst: *bitten.* Wenn Sie ihr die Möglichkeiten aufzeigen, die Edith hat, Ihnen Ihre unangenehmen Gefühle zu nehmen, ist die Wahrscheinlichkeit hoch, dass Edith diese Möglichkeiten nutzen wird, solange ihre Handlungen mit ihren eigenen Bedürfnissen und Gefühlen zu vereinbaren sind.

Die Technik der gewaltfreien oder *verbindenden* Kommunikation muss meist lange geübt werden, bevor einem ein Gesprächsfluss dieser Art gelingt. Es ist ein bisschen so wie beim Tanzen: Zuerst lernt man die theoretischen Schrittfolgen und schaut bei ungelenken Bewegungen angestrengt auf seine Füße, während man versucht, sich im Takt der Musik zu bewegen. Bei GFK ist es so, dass man über die Worte nachdenken muss, die man wählt. Wie die Schritte beim Tanzen überprüft man seine Worte beim Sprechen. Wenn ich sage: »Ihr habt Euch die ganze Zeit so verhalten, als wüsstet ihr von nichts«, ist das dann meine reine Beobachtung oder werte ich damit schon? Wenn ich sage: »Mir ist es die ganze Zeit komisch vorgekommen, dass ich als einzige in der Familie allergisch auf Tierhaare bin«, habe ich damit schon ein Gefühl ausgedrückt? Wie könnte ich noch genauer ausdrücken, wie ich mich gefühlt habe? Kann ich sagen »Ich war verunsichert«? Vielleicht ist das schon ein Vorwurf, weil mich ja »jemand« verunsichert. Also lieber »Ich fühlte mich immer unsicher«? Lernt man das Tanzen, dauert es eine Weile, bis die Schrittfolge in Fleisch und Blut übergegangen ist und man sich mit Leichtigkeit zur Musik bewegen kann. Bei GFK dauert es eine Weile, bis man ein sicheres Gespür dafür hat, wann man wertet und wann nur eine Beobachtung mitteilt und wie man ein echtes Gefühl ausdrückt, das der andere völlig wertfrei verstehen kann, weil kein Vorwurf darin enthalten ist, und das er genau nachvollziehen kann, weil er oder sie weiß, wie es sich anfühlt.

Auch wenn es etwas ungewohnt ist, schadet es nicht, sich vor einem so wichtigen Gespräch tatsächlich einige Vokabeln aufzuschreiben und sie auswendig zu lernen: nämlich solche Vokabeln, die die Beobachtung genau wiedergeben, die die Gefühle und Bedürfnisse exakt auf den Punkt bringen und die präzise ausdrücken, mit welcher Handlung Edith Ihnen helfen kann.

Zu den Gefühlen vordringen – Alkohol und Wasser

Vor der Verabredung mit Edith ist es vorteilhaft, sich Gedanken darüber zu machen, wie Sie am besten erreichen, dass sie sich für Ihr Anliegen öffnet und bereit ist zuzuhören. Man sollte vermeiden, dass die oben beschriebene *Rille* der immer selben Platte berührt wird. Wenn Sie sich in einer Situation befinden, die Sie schon häufiger bei dem Thema hatten, geschieht es leicht, dass Edith *dichtmacht,* weil sie bei den ersten Sätzen schon denkt: »Jetzt kommt schon wieder dieselbe alte Leier, dass sie wissen möchte, wer ihr Vater ist.« Wählen Sie einen besonderen Ort, der gleichzeitig einen geschützten Rahmen bietet. Wenn weitere Familienmitglieder in Hörweite sind, denen gegenüber Ihr delikates Thema wahrscheinlich nicht so gerne angesprochen wird, sprechen Sie es auch nicht an. Außerdem sollte der Ort so gewählt sein, dass fremde Ohren nichts von Ihrem Gespräch mitbekommen, also nicht Ihr trubeliges Lieblingscafé, sondern eher ein ruhiges Lokal mit abgetrennten Separees. Der Ort sollte möglichst eine Atmosphäre bieten, in der nichts unnötig vom Gesprächsinhalt ablenkt und von dem Sie wissen, dass Ihre Tante sich dort wohlfühlt.

Wenn es der Gesundheitszustand des Gegenübers zulässt, sorgen Sie für das richtige Quäntchen Alkohol: ein Prosecco zur Begrüßung, ein Grog zum Aufwärmen … Ein Schluck Portwein oder Eierlikör kann helfen, eine entspannte Atmosphäre zu schaffen, in der die Zunge sich löst. Mir ist bewusst, dass Alkohol ein Gift ist und einer alkoholkranken Person niemals Alkohol angeboten werden sollte. Bei nicht alkoholkranken Menschen ist es aus meiner Sicht aber zu verantworten, geringe Mengen davon gezielt einzusetzen und seine entspannende, angstlösende und stimulierende Wirkung für die eigenen Zwecke zu nutzen.

Es gibt noch eine weitere Möglichkeit, eine für Ihr Vorhaben förderliche Atmosphäre zu schaffen. Vielleicht ist Ihnen schon einmal aufgefallen, dass die Protagonisten in Fernsehdokumentationen zu besonders tiefgehenden Themen häufig an einem See oder Flussufer interviewt werden. An sich selbst haben Sie bestimmt auch schon bemerkt, dass sich die eigene Stimmung mit der Nähe zum Wasser verändert. Wasser bewirkt, dass Menschen besseren Zugang zu ihren Gefühlen bekommen; es wirkt beruhigend.

Ein Ausflug mit einem Boot zu einer wenig frequentierten Zeit, ein abseits liegender Tisch in einem Ausflugslokal am See oder ein Spaziergang am Fluss (je breiter der Fluss, desto besser) können helfen, dass Ihre Gesprächspartnerin oder Ihr Gesprächspartner einen besseren Zugang zu ihren oder seinen und auch zu Ihren Gefühlen bekommt.

Erstellen eines Genogramms: Schritt 3 – Dranbleiben, es geht auch ohne Ihre Familie

Was aber – um bei unserer hypothetischen Tante zu bleiben –, wenn Edith schon seit zwei Jahren im Pflegeheim lebt und dement ist? Wenn sie gar nicht in der Lage ist, Ihre Fragen zu beantworten, selbst wenn sie wollte?

Tatsächlich ist es so, dass wohl die meisten Menschen die Zeit der ersten Lebenshälfte zur eigenen *Menschwerdung* benötigen. Beruf und Familie lassen kaum Raum, sich viele Gedanken über das eigene Herkunftsfamiliensystem zu machen. Wenn ich mir die Altersstruktur meiner Klienten anschaue, stelle ich fest, dass sich kaum jemand unter vierzig Jahren darunter befindet, wohl aber einige, die bereits ihren sechzigsten Geburtstag gefeiert haben. Meiner Beobachtung nach beginnt die Auseinandersetzung mit der Frage, was einen eigentlich selbst geprägt hat, warum man so ist, wie man ist, meist erst in der zweiten Lebenshälfte. Da sind die eigenen Eltern jedoch meist schon sehr alt, wenn nicht bereits verstorben. Auch Onkel und Tanten, die man fragen könnte, haben entweder schon das Zeitliche gesegnet oder sind aufgrund ihres Alters in irgendeiner Weise eingeschränkt bei der Beantwortung dieser Fragen.

In unserem fiktiven Beispiel ist die wichtigste Frage die nach dem Vater und das Interview mit Tante Edith am zentralsten. Dass die Mutter nichts zum Vater erzählen möchte, hat sich noch einmal bestätigt. Dennoch konnte durch das Interview mit der Mutter geklärt werden, dass es ihr Bruder Peter war, der Haus und Hof verzockt hat – mit der Folge, dass sie und ihre Schwester Edith daraufhin den Kontakt zu ihm abgebrochen haben. Auch dass Else und Kurt auf der Flucht gestorben sind und sie die jüngsten Kinder der Großeltern waren, ist bei dem Gespräch herausgekommen. Während das Genogramm Stück für Stück vervollständigt wird, fällt Ihnen vielleicht auf, dass Ihr Onkel Peter eventuell ein geeigneterer Gesprächspartner zur Frage nach dem leiblichen Vater gewesen wäre, weil er durch den Kontaktabbruch keinen Loyalitätskonflikt der Mutter gegenüber hatte. Falls Tante Edith hart bei ihrer Entscheidung bleibt, zu schweigen, könnte eine Quellenrecherche in Onkel Peters Richtung sinnvoll sein. Wer hat sich eigentlich damals um seine Beerdigung gekümmert und sein Grab gepflegt?

Nehmen wir an, Ihr sozialer Vater hat erzählt, dass seine Oma Ruth eigentlich nie von der Flucht gesprochen hat und er nur durch Opa Willi vom tragischen Schicksal der jüngsten Geschwister seiner Mutter erfahren hat. Weil Ihnen bewusst ist, dass auch das Familiensystem Ihres Stiefvaters auf sie wirkt, möchten Sie gerne wissen, was aus den älteren Geschwistern von Oma Ruth geworden ist.

Wenn in Ihren Interviews Fragen unbeantwortet bleiben, sollten Sie keinesfalls abgehakt werden – im Gegenteil: Manchmal sind es gerade die Fragen, die niemand beantworten kann oder will, die für das eigene Familiensystem besonders wichtig sind. Es gibt sehr viele Quellen, die Ihnen dann weiterhelfen können – so viele, dass Sie in diesem Buch ein eigenes Kapitel dazu finden. (In diesem konkreten Fall könnten Sie im Bundesarchiv nach den Lastenausgleichsamt-Akten fragen und beim Deutschen Roten Kreuz recherchieren, ob es Daten zur Vertreibung der Familie im Bestand hat.)

Bei der Quellenforschung kann es auch ein wichtiger Aspekt sein, sich die Lebenswelt der Betroffenen besser vorstellen zu wollen. Manchen Suchenden hilft es, Dokumentationen über die entsprechende Zeit auf YouTube zu schauen. So lässt sich das Lebensgefühl der entsprechenden Familienmitglieder besser nachvollziehen. Man bekommt einen besseren Zugang dazu, welche Gefühle, welche Sorgen und Hoffnungen den Alltag der Person bestimmt haben könnten. Man kann besser verstehen, welche Prioritäten die Personen aus welchen Gründen hatten. Wenn man originale alte Dokumente in der Hand hält, ist das eine kleine Zeitreise. Das vergilbte Papier hat einen besonderen Geruch, und man stellt sich die Frage, welche Hände dieses Dokument wohl mit welchen damit verbundenen Gefühlen schon gehalten haben mögen.

In der Praxis geht es oft um *unbekannte* Personen aus dem eigenen Familiensystem. Dunkle und oft verschwiegene Kapitel in der Familiengeschichte sollen ans Licht gebracht werden, um den eigenen Genpool transparenter zu machen. Das kann die Mutter betreffen, die einen nach der Geburt zur Adoption freigegeben hat oder die aus bestimmten Gründen aus der Familie verstoßen wurde. Das kann den Vater betreffen, der die Mutter früh verlassen hat, von ihr verlassen wurde oder erst gar nicht in Erscheinung getreten ist und nie etwas von der Existenz seines Kindes erfahren hat. Es kann ein Geschwisterkind betreffen, das nichtehelich geboren und weggeben wurde und über das dann nie wieder gesprochen werden dufte. Nicht selten geht es um genau diese Menschen – aber eine Generation später. Die Fragezeichen im Genogramm sind dann der verschwiegene Vater der Mutter, die verstoßene Schwester des Großvaters oder, oder, oder …

Bei der Genogramm-Arbeit spielt es keine Rolle, ob die Personen selbst schon verstorben sind, denn es geht darum, *Antworten* auf Fragen zu bekommen, die sich die vorangegangene Generation nicht zu stellen gewagt hat. Manchmal geht es auch um Tränen, die eine oder zwei Generationen vorher nicht geweint wurden, die aber geweint werden wollen und müssen.

Nicht die Ahnen finden, sondern sich selbst

Das Schließen von Wissenslücken, die zu den eigenen Vorfahren führen, ist keine Ahnenforschung im Sinne der Erstellung eines Stammbaumes, der möglichst weit in die Jahrhunderte zurückreicht. Der Stammbaum steht auf dem Feld der Genealogen und Ahnenforscher. Hier hingegen geht es darum zu entdecken, wie einen das eigene Familiensystem geprägt hat. Jedes verschwiegene Detail hilft bei der Suche nach sich selbst. Denn nur wer weiß, wo er herkommt, kann wissen, wohin er geht.

Die Blickrichtung macht den Unterschied

Vielleicht ist der Unterschied am deutlichsten zu beschreiben, wenn man sich die Blickrichtung anschaut. Eine Ahnenforschung wird mit dem Blick zurück durchgeführt: Man schaut, wer die Vorfahren waren, was sie gemacht und wo sie gelebt haben. Um in der eigenen Persönlichkeitsentwicklung voranzukommen, wird zwar auch die Vergangenheit betrachtet, aber immer mit dem Blick nach vorn.

Mein Klient Torben zum Beispiel ist 47 Jahre alt, geschieden und hat zwei Söhne im Alter von 12 und 14. Er leidet darunter, dass seine Kinder sich immer weiter von ihm zu distanzieren scheinen. Zur Mutter seiner Söhne besteht ein wertschätzender Kontakt. Auch sie findet es schade, dass ihre Söhne immer schwerer Zugang zum Vater finden. Gemeinsam mit einer familiensystemisch arbeitenden Psychotherapeutin hat Torben sich bewusst gemacht, dass er selbst wenig Zuspruch und Liebe von seinem Vater erfahren hat. Während der Gespräche mit seiner Therapeutin erinnerte Torben sich an eine Unterhaltung mit ihm. Es ging darin um seinen Großvater. Torben hatte ihn nie kennengelernt, denn er verstarb sehr jung. Torbens Vater meinte, dass er wahrscheinlich gar nicht sein biologischer Vater gewesen sei, sondern dass der Mann, der ihn gezeugt habe, ein ehemaliger Arbeitgeber seiner Mutter sein müsse. Diese Information schien Torben in diesem Moment gar nicht besonders relevant. Sein Vater hatte es sehr neutral und eher beiläufig erwähnt, doch in der Rückschau half ihm die *Entstehungsgeschichte* seines Vaters zu verstehen, was die Gründe für seinen harten Erziehungsstil sein könnten. *Nicht geschimpft ist Lob genug* sei wohl das gelebte Motto in der Familie gewesen. Torben fragte sich nun das erste Mal in seinem Leben: *Was hat mein Vater erlebt, dass er immer so distanziert zu uns Kindern war?*

Themen, die wie ewige Unruhestifter subtil in der Familie wirken, kommen endlich auf den Tisch: *Was hat es mit der Geschichte auf sich, dass Oma ihr erstes Kind weggeben musste? Aus welchem Grund war der Onkel meiner Mutter im Gefängnis? Was steckt hinter der Erzählung, dass meine Tante angeblich von meinen Großeltern adoptiert wurde?* Manchmal dauert es mehrere Generationen, bis ein unruhestiftendes Thema identifiziert werden kann. Umso wichtiger ist es, dass das Verheimlichte ans Licht gebracht wird und so seine destruktive Wirkung auf das Familiensystem und seine Mitglieder verliert.

Zu Risiken und Nebenwirkungen: Dos and Don'ts bei der Herkunftsklärung

Was passiert, wenn ein Familiengeheimnis aufgedeckt wird? Gefühlt wird alles in Unordnung gebracht, das ganze System, in dem man verortet ist, wackelt. Aber man muss sich darüber im Klaren sein, dass es nicht in Unordnung, sondern in Ordnung gebracht wird. Das System war vielleicht stabil austariert, aber es war nicht alles an seinem richtigen Platz. Ein System kann also stabil, aber trotzdem in Unordnung sein. Wenn es dann in Ordnung gebracht wird, wackelt es natürlich erst einmal. Es kann eine lange Zeit dauern, bis alles Geschehene richtig verdaut ist, bis die Beziehungen zwischen den Beteiligten sich neu sortiert haben. Sich darüber im Klaren zu sein und zu wissen, dass das Kennenlernen der leiblichen Eltern nicht automatisch damit einhergeht, eine Eltern-Kind-Beziehung zu erzeugen, ist eine gute Basis.

Kein Allheilmittel

Die meisten meiner Klientinnen und Klienten haben eine sehr gesunde Herangehensweise an ihre Herkunftsklärung. Sie sind in der Regel über 40 und haben die Zeit der romantischen Vorstellungen in Bezug auf ihre Herkunftsfamilie schon länger hinter sich gelassen. Romantische Vorstellungen hat, glaube ich, jedes

Kind von seinen Eltern. Kinder, die ohne ihren leiblichen Vater aufgewachsen sind, heroisieren ihn gern. In einigen (zum Glück wenigen!) Fällen wird an die Aufklärung eines Familiengeheimnisses ein (zu) hoher Anspruch gestellt: »Wenn ich erst meinen leiblichen Vater/meine leibliche Mutter kennengelernt habe, löst das diese und jene Probleme in meinem Leben.« Diese Grundhaltung finde ich problematisch, denn in den wenigsten Fällen kann ein Kontakt zu den leiblichen Eltern Probleme lösen. Wenn der Kontakt aus irgendwelchen Gründen von der anderen Seite nicht gewünscht wird, die Heilserwartungen also nicht erfüllt werden können, ist es doppelt schwer, sich von den Problemen zu lösen, die man durch den Kontakt geheilt wissen wollte.

Besonders bei Kindern und jungen Erwachsenen ist es wichtig zu erkennen, wenn eine Herkunftssuche als Allheilmittel betrachtet wird. Sicher kann es bei der Lösung von psychischen oder anderen Problemen helfen, wenn man sich der Frage nach der frühen Biografie und der genetischen Abstammung annimmt. Allerdings gilt es, hier den Fokus auf die Akzeptanz zu legen und sich darüber klar zu werden, dass leibliche Eltern keine Heilsbringer sein müssen. Wenn in der Vergangenheit Probleme entstanden sind, dann können diese sehr wahrscheinlich nicht dadurch gelöst werden, dass man seine leibliche Familie beziehungsweise Teile davon findet.

Mit Fingerspitzengefühl vorgehen

Der Moment, wenn in einer Recherche die aktuelle Adresse der gesuchten Person vor mir liegt, erzeugt einerseits Hoffnung und andererseits Sorge: Hoffnung, dass die Beteiligten einander guttun, sich gegenseitig helfen, ihre Wunden zu heilen; und Sorge, dass die eine Seite mehr erwartet, als die andere Seite zu geben bereit ist – was nicht immer unbedingt vom Suchenden ausgehen muss. Derjenige, der die Initiative einer Suche übernommen hat, den Kontakt also anstößt, hat den Vorteil, die Führung zu haben. Sie sollte nicht aus der Hand gegeben werden.

Wie kann aber ein Beziehungsaufbau gelingen, wenn die andere Person sich beispielsweise eine doppelt so hohe Kontaktfrequenz wünscht wie man selbst? Ganz einfach, indem Sie die Kontaktkanäle kontrollieren. Wer sagt, dass man all seine Kontaktdaten herausgeben muss? Es genügt, wenn man eine telefonische und eine schriftliche Kontaktmöglichkeit anbietet. Beide Kanäle sollten aus meiner Sicht gegeben sein, denn der eine möchte lieber zuerst schriftlich kommunizieren und die andere kann vielleicht gar kein sicheres, gutes Deutsch schreiben und zieht es daher vor, bei wichtigen Themen zu telefonieren. Wenn auf der Seite des Suchenden beides möglich scheint, also sowohl ein schriftlicher als auch ein telefonischer Kontakt vorstellbar ist, sollten beide Kanäle angeboten werden.

Es besteht keine Verpflichtung, seine Alltagskommunikationswege zu nutzen. Warum nimmt man nicht einfach ein altes Handy und besorgt sich eine eigens dafür genutzte Sim-Karte? So behält die oder der Suchende das Ruder in der Hand: Man entscheidet selbst, wann das Handy eingeschaltet wird und wohin man es mitnimmt. So ist es auch möglich, sich auf diesen Kontakt zu konzentrieren, wenn das Handy klingelt. Situationen, in denen es gerade »einfach nicht passt« und durch die sich Anrufende zurückgewiesen fühlen, können so erst gar nicht entstehen. Wenn sich der Kontakt gut entwickelt, kann man sagen, dass man eine andere Handynummer hat. Die anderen fühlen sich dadurch nicht gekränkt, da sie nicht wissen, dass sie erst einmal *auf Abstand gehalten* wurden und erst jetzt die tatsächliche Handynummer bekommen. Für sie ist es lediglich eine neue Nummer.

Genauso kann auch eine separate E-Mail-Adresse für den Kontakt zu den gesuchten, neuen Familienmitgliedern eingerichtet werden. Das gilt besonders, wenn Ihre Alltags-E-Mail-Adresse Ihren Namen verrät und Sie damit durch eine einfache Google-Suche eindeutig zu identifizieren sind – und das vielleicht auch noch mit Ihrer Wohnadresse. Auch hier haben Sie den Effekt, dass sich die Kommunikation mit der gesuchten Person nicht mit Ihrer Alltagskommunikation vermischt. Sie können sich bewusst entscheiden, wann Sie die Mails zu diesem besonderen Thema lesen möchten.

Die meisten, die in der Situation sind, unbekannte Verwandte erst sehr spät in ihrem Leben kennenzulernen, haben in früheren Jahren Machtlosigkeit erleben müssen. Es wurde für sie entschieden, wo sie leben, wer ihre Eltern sind. Sie wurden nicht gefragt, was sie davon halten oder wie sie es sich gewünscht hätten. Deshalb ist es an dem Punkt, an dem Familiengeheimnisse und Herkunftsfragen durch die eigene Initiative aufgeklärt werden, so wichtig, dass sie die Kontrolle über die Dynamik haben, die das Ganze nimmt und zu jeder Zeit die Steuerung behalten.

Der Weg der Suche

Denken wir noch einmal an die Phasen des Trauerprozesses, die mit den Phasen einer Herkunftsklärung vergleichbar sind. Wirklich aktiv wird man erst in Phase drei. Wenn klar ist: Ja, es gibt etwas aufzuklären, zu erforschen und zu entdecken. Ist man an diesem Punkt angelangt, entsteht oft erst einmal ein Durcheinander im Kopf – Euphorie im Wechsel mit Ohnmachtsgefühlen. Aktionismus kann leicht in Frustration münden, wenn man hier nicht bedacht einen Fuß vor den anderen setzt und dabei das Ziel stets im Auge behält.

Wo fängt man an?

Wie bei jedem Weg, den es zu finden und zu gehen gilt, müssen zuerst zwei Fragen geklärt sein. Erstens: Wo beginnt der Weg, wo befinde ich mich aktuell? Und zweitens: Wo oder was ist mein Ziel?

In den Vorgesprächen mit meinen Klientinnen und Klienten fällt die Beantwortung der ersten Frage meistens leichter als die zweite. Es gibt verschiedene Stadien, in denen sich Menschen befinden, die eine Suche beginnen. Was davon trifft auf Sie zu?

- Ich habe ein diffuses Gefühl, dass etwas nicht stimmt, und die Frage: Sind meine Eltern wirklich meine biologischen Eltern?
- Ich bin mir sicher, dass meine sozialen Eltern, oder ein Teil davon, nicht biologisch mit mir verwandt sind und möchte ganz allgemein »mehr wissen«.
- Ich bin mir sicher, dass meine sozialen Eltern, oder ein Teil davon, nicht biologisch mit mir verwandt sind, und habe auch schon sehr viel herausgefunden. Ich weiß vielleicht sogar, wo die gesuchten Elternteile wohnen, traue mich aber an dieser Stelle nicht so recht weiter.
- Ich habe schon Kontakt zum gesuchten Elternteil aufgenommen und wurde abgewiesen oder habe erfahren, dass er oder sie nicht mehr lebt. Ich scheine am Ende der Suche zu sein und habe keine Antworten auf meine Fragen bekommen.
- Bei Adoptierten: Ich habe meine leibliche Mutter gefunden, Kontakt aufgenommen und auch etabliert, sie verweigert jedoch jede Auskunft darüber, wer mein leiblicher Vater ist.

Um die Frage, wo Sie anfangen sollten, für sich beantworten zu können, sind weitere Fragen wichtig:

- Was ist der Auslöser für meine Suche? Warum beginne ich sie gerade jetzt? Was lässt sich daran eventuell über die Motivation und das Ziel der Suche ableiten?
- Bin ich mir über die möglichen Ausgänge der Suche und ihre Konsequenzen bewusst?
- Wen möchte ich wann in mein Vorhaben einweihen? Gut gemeinte Nachfragen von Freunden und Verwandten, wie weit man mit seiner Suche sei, können auch stören.
- Habe ich seelischen Beistand? Werde ich aufgefangen, falls mich die Dynamik der Suche überfordert? Vielleicht macht es

Sinn, die Suche mit therapeutischer Hilfe anzugehen. Es gibt Psychologen und Coaches, die auf das Thema Adoption spezialisiert sind. Sollte ich vorsorglich Termine vereinbaren?

Damit sind wir bei der zweiten zu klärenden Frage: Was ist Ihr Ziel?

- Ich empfinde eine *genetische Einsamkeit* und habe Sehnsucht nach familiärer Zugehörigkeit. Das Ziel ist, eine familiäre Beziehung aufzubauen.
- Ich empfinde zwar eine *genetische Einsamkeit,* bin in der Familie, in der ich aufgewachsen bin, jedoch so fest verankert, dass ich keine familiäre Bindung anstrebe. Ich möchte die unbekannten Teile meiner Herkunftsfamilie nur kennenlernen, aber mehr nicht.
- Ich habe nicht den Wunsch, meine Herkunftsfamilie unbedingt persönlich zu treffen, sondern möchte mich ihr eher durch ein *Quellenstudium* nähern, zum Beispiel durch die Akte aus dem Jugendamt und die Information, wie zum Beispiel der weitere Lebensweg der Herkunftsmutter war. Gab es Ehen? Habe ich Halbgeschwister? Wo leben die Mitglieder meiner Familie heute?

Der erste Schritt ist, sich in diesen oben beschriebenen Koordinaten zu verorten.

Als nächstes schreiben Sie auf, welche Ergebnisse Sie am Ende Ihrer Herkunftsklärung gerne hätten. Das kann beispielsweise Folgendes sein:

- Ich möchte meiner leiblichen Mutter mitteilen, dass es mir gut geht und ich ihr gegenüber keine schlechten Gefühle habe.

- Ich möchte wissen, welche Umstände dazu geführt haben, dass ich zur Adoption freigegeben wurde.
- Ich möchte meine ersten beiden Lebensjahre rekonstruieren: Wann war ich wo?
- Ich möchte meinen leiblichen Vater kennenlernen und seine Seite der (Trennungs-)Geschichte hören.

In einigen Fällen ist es das Ziel, sich erst einmal auf den Weg der Herkunftsklärung zu machen – und zwar ergebnisoffen, um keine Erwartungen aufzubauen, die eventuell am Ende enttäuscht werden könnten. Ich empfehle, sich dennoch ein Wunschszenario vorzustellen. Es hilft dabei, die Richtung der Recherche zu bestimmen und sich nicht mit weniger zufriedenzugeben, als man eigentlich möchte. Die tieferliegenden, tatsächlichen Wünsche, die jemand an seine Herkunftsklärung hat, kommen in regelmäßigen Abständen wieder an die Oberfläche. Es nützt also nichts, wenn Sie sich vornehm zurückziehen, wenn Sie erfahren haben, dass Ihr Vater verstorben ist und nach fünf Jahren doch wieder der Wunsch besteht, mehr über sein Leben zu erfahren und ob er jemals davon gesprochen hat, dass es da noch ein Kind – nämlich Sie – gegeben hat. Nach fünf Jahren ist die Witwe, die Ihnen Auskunft hätte geben können, aber vielleicht ebenfalls verstorben und wenn das Paar kinderlos war, haben Sie Ihr Ziel nicht erreicht, weil Sie es nicht gewagt haben, Ihre Bedürfnisse zu formulieren.

Eine Fahrt im Dunklen

Der Prozess einer Herkunftsklärung gleicht in der Regel einer Autofahrt im Dunklen: Man sieht nur den Teil der Straße vor sich, der vom Lichtkegel der Scheinwerfer beleuchtet ist. Die Richtung, die die Recherche nimmt, hängt in den meisten Fällen von den Ergebnissen ab, die sie bis dahin gebracht hat. Wenn sich herausstellt, dass die gesuchte Person einem unter Umständen nicht guttut, weil sie wegen Gewaltdelikten mehrfach im Gefängnis war, werden andere Schritte folgen, als wenn die gesuchte Person offensichtlich selbst schon nach einem gesucht hat und in geordneten Verhältnissen unweit vom eigenen Wohnort lebt. Außerdem weiß man vorher nicht, ob die gesuchte Person noch lebt. Wo fängt man also an?

Wenn Sie sich über Ihre Ziele im Klaren sind, ist Ihr erster Weg in den allermeisten Fällen der zum Einwohnermeldeamt und Standesamt des Ortes Ihrer Geburt. Hier wurde Ihre Geburt offiziell registriert und – falls zutreffend – auch Ihre Adoption eingetragen. Den eigenen originalen Geburtseintrag zu sehen, entfaltet bei den meisten Menschen eine Wirkung. Der Geburtseintrag ist das erste offizielle Dokument, das ganz neutral ist und die eigene Person betrifft. Hier sehen Sie den Namen Ihrer leiblichen Mutter, wo genau sie Sie entbunden und welchen Namen sie Ihnen gegeben hat und vor welchem Amtsgericht Ihre Adoption rechtskräftig geworden ist. Wichtig ist auch das Aktenzeichen dazu, denn darunter hat das Gericht den Adoptionsbeschluss abgelegt. Wenn Sie nicht adoptiert wurden und Ihren Vater suchen, können Sie hier sehen, ob bei Ihrer Geburt etwas zu diesem registriert wurde.

Wenn Sie ehelich geboren wurden, können Sie in Ihrem Geburtseintrag sehen, wann und wo Ihre Eltern geheiratet haben. Der Gang zum Standesamt, in dem Ihre Eltern geheiratet haben, kann sich ebenfalls lohnen. Nicht selten ist dort eingetragen, dass die Ehe kurz nach der eigenen Geburt geschieden wurde. Mit den Daten aus dem Standesamt können Sie im Gericht eine Kopie des Scheidungsurteils erhalten. In nicht wenigen Fällen, die ich begleitet habe, ging aus dem Scheidungsurteil hervor, dass der

Scheidungsgrund ein Seitensprung der Mutter war. Man muss wissen, dass bei einer Geburt automatisch der Ehemann der Mutter als Vater eingetragen wird – wie bei meinem Klienten Volker. Ich habe ihn darauf hingewiesen, dass seine Eltern kurz nach seiner Geburt geschieden wurden. Im Scheidungsurteil stand der Name des Liebhabers seiner Mutter, der – wie sich später herausstellte – Volkers biologischer Vater war. Aus Scheidungsurteilen habe ich aber auch schon Informationen zu schwierigen Lebensumständen wie Gewalt oder Vernachlässigung in der frühen Kindheit meiner Klientinnen und Klienten erhalten.

Welcher Ihr zweiter Schritt bei der Suche ist, hängt davon ab, wen Sie suchen und welches Ziel Sie verfolgen. Suchen Sie Ihre Mutter, gehen Sie zum Standesamt der Geburt Ihrer Mutter. Suchen Sie Ihren Vater und er ist in Ihrem Geburtseintrag vermerkt, gehen Sie zum Standesamt seiner Geburt. Hier wurde – wie ja auch bei Ihnen selbst – die jeweilige Geburt registriert. Aber nicht nur das: Es wurde auch festgehalten, wann und wo geheiratet wurde und – falls das der Fall sein sollte – wann und wo die gesuchte Person gestorben ist. Schauen Sie sich den Geburtseintrag Ihrer Mutter oder Ihres Vaters genau an. Vielleicht können Sie hier sogar schon eine erste Idee davon bekommen, was Gründe für Ihre persönliche Geschichte sein könnten.

- Wurde die Mutter ehelich oder nichtehelich geboren?
- In welcher Zeit wurde sie geboren? Wie sah die Welt damals aus? Was war wohl ihre Lebensrealität als neugeborener Säugling?

Wenn eine Mutter in den letzten Kriegstagen in Berlin als siebtes Kind im Luftschutzbunker geboren wurde und miterleben musste, wie drei ihrer Geschwister die Hungerjahre oder gar

Flucht nicht überlebt haben, kann man Verständnis dafür aufbringen, wenn der weitere Lebensweg nicht so geradlinig verlaufen ist.

Die Mutter von Mareike hatte die Adoptionspapiere schon während ihrer Schwangerschaft unterschrieben. Die Aufbewahrungsfrist ihrer Adoptionsakte war bereits abgelaufen, weshalb es keine Quellen gab, die ihr über die Gründe ihrer Adoption Aufschluss geben konnten. Der Geburtseintrag ihrer Mutter jedoch sprach Bände: Als Mareikes Mutter 1954 geboren wurde, wurde kein Vater eingetragen. Unter der Rubrik *Vater des Kindes* stand ein Strich. Am Rand des Geburtseintrages war ein Stempelabdruck zu sehen: Die Vaterschaft wurde nachträglich gerichtlich festgestellt. Der Vater war 1889 geboren worden, also 65 Jahre alt, und die Mutter war bei der Geburt ledig. Der Nachname des Vaters jedoch war derselbe wie der der Mutter. Bereits diese wenigen Informationen haben Mareike gezeigt, dass ihre Großmutter von einem Verwandten schwanger geworden sein musste. Herauszufinden, dass Mareikes Großvater der Onkel ihrer Großmutter gewesen sein musste und welche familiären Verstrickungen es noch in der Familie gegeben hatte, dauerte ein weiteres Jahr.

Im Aktendschungel: die Adoptionsakte, die Vormundschaftsakte und die Pflegschaftsakte

Wenn Sie adoptiert wurden, ist es auf jeden Fall sinnvoll, sich an das Jugendamt oder die Adoptionsvermittlungsstelle zu wenden. Sie können das Jugendamt Ihres derzeitigen Wohnortes ansprechen, von hier aus wird Ihre Adoptionsakte gesucht. Die Aufbewahrungsfristen haben in den letzten Jahren einige Veränderungen erfahren und wurden jeweils verlängert.

Die Aufbewahrungsfristen für Adoptionsakten im Einzelnen

- Bei Adoptionen vor 2002: 30 Jahre ab Geburt
- Bei Adoptionen ab 2002: 60 Jahre ab Volljährigkeit
- Bei Adoptionen ab 2015: 100 Jahre ab Geburt

Wenn die Aufbewahrungsfrist abgelaufen ist, lohnt es sich dennoch nachzufragen. Manche Stellen bewahren ihre Akten länger auf oder haben sie nach Ablauf der Aufbewahrungsfrist an ein örtliches Archiv übergeben.

Die Vormundschaftsakte ist die Akte, die immer angelegt wurde, wenn ein Kind nichtehelich zur Welt kam. Wenn die Mutter für das Kind sorgen konnte, das aber ohne den Vater des Kindes tun musste, wurde automatisch der Staat Vormund des Kindes, also wurde auch eine Vormundschaftsakte angelegt. Fielen sowohl Mutter als auch Vater aus, weil sie beispielsweise noch nicht volljährig waren, gab es eine Pflegschaftsakte. Wurde ein Kind adoptiert, entstand eine Adoptionsakte. In vielen, aber nicht in allen Fällen wurden der Adoptionsakte dann die oben beschriebenen »Vorgängerakten« beigefügt. Es lohnt sich immer, nach den Akten zu fragen, die *vor* der Adoption geführt worden sind. Ebenso lohnt es sich, im Amtsgericht nach den gerichtlichen Akten zu suchen.

Für ehemalige Pflegekinder ist die Chance, ihre Akten einsehen zu können, leider nicht groß, denn die verlängerten Aufbewahrungsfristen gelten nicht für Pflegschaftsakten. Aber auch hier sollte nachgefragt werden – vor allem im regionalen Archiv und dem Gericht.

Kontakt zu unbekannten Angehörigen aufnehmen

Ich habe auf Tagungen von einigen Herkunftssuchenden gehört, dass sie – ohne nachzudenken – Kontakt zu unbekannten Angehörigen aufgenommen haben und dann von den Ereignissen überrollt wurden. Einige haben sich den Kontakt zu ihren gesuchten Verwandten sogar gänzlich versperrt – und zwar für immer. Ich habe mich gefragt, warum das so ist. Ein Erklärungsversuch könnte sein, dass an diesem wichtigen Punkt, an dem eine erste Kontaktaufnahme möglich ist, eine Art unbewusstes Selbstboykott-Programm in Gang gesetzt wird: eine Mischung aus Angst vor der eigenen Courage und Selbstschutz. *Wenn der Kontakt abgelehnt wird, muss ich mich nicht einlassen.* Oder aber auch Sabotage: *Ich bestätige mir jetzt, dass ich sowieso nicht gewollt bin!*

Gerade Menschen, die bei ihrer Herkunftsklärung keine professionelle Hilfe in Anspruch genommen und keine therapeutische Vorarbeit geleistet haben, unterliegen hier der Gefahr, unbeholfen zu agieren. Ich habe von einigen eher ungeeigneten ersten Kontaktaufnahmen gehört. Das Spektrum reicht von *mit der besten Freundin einfach hinfahren und klingeln* bis zum Anschreiben von Menschen über Facebook: *Hallo, wir sind verwandt.* Dazu gehören meines Erachtens auch Fernsehsendungen mit Titeln wie *Vermisst* oder *Bitte melde Dich.* Damit Ihnen der erste Kontakt gelingt, wäre an dieser Stelle der erste Schritt: innehalten!

Die erste Kontaktaufnahme ist wie das vorsichtige Öffnen einer sensiblen Tür. Es gilt, immer zu bedenken: Schlägt die Tür einmal zu, lässt sie sich vielleicht nie wieder öffnen! Sie können die Klinke zu dieser Tür nur ein einziges Mal, das erste Mal, drücken. Es sollte meiner Meinung nach alles dafür getan werden, dass sich hinter der Tür ein lächelndes Gesicht und geöffnete Arme zeigen. Deshalb heißt es jetzt: einen kühlen Kopf bewahren.

Überlegen Sie sich, welche Erwartungen Sie mit dem Kontakt verbinden. Es kommt immer wieder vor, dass die eine Seite mehr erwartet, als die andere Seite zu geben bereit ist. Dabei muss es nicht unbedingt immer die suchende Person sein, die mehr erwartet. Wie oft ist es vorgekommen, dass eine gefundene leibliche Mutter oder ein Geschwisterteil sich durch die Nachricht, dass sie oder er gesucht wird, aus der Einsamkeit wachgeküsst gefühlt hat? Die eine Seite möchte sich interessiert langsam der anderen Seite annähern und die andere Seite ist so bedürftig, dass sie den anderen mit Haut und Haaren, ganz und gar und jetzt sofort in ihr Leben integrieren möchte.

Deswegen ist es gut, wenn Sie sich ganz klar darüber bewusst sind, welche Erwartungen Sie selbst mit dem Kontakt verbinden. Das hängt eng mit den Zielen zusammen, die man sich, wie im Kapitel *Der Weg der Suche* beschrieben, im Vorfeld der eigenen Bemühungen stecken sollte. Ich stelle meinen Klientinnen und Klienten oft die Frage: Stellen Sie sich einmal vor, wir setzen uns in eine Zeitmaschine und fahren fünf Jahre in die Zukunft. Wie soll sich Ihrer Meinung nach der Kontakt dann entwickelt haben? Wie ist die Situation dann vor Ihrem geistigen Auge? Sehen Sie sich regelmäßig, rufen sich bei wichtigen Themen gegenseitig an und wissen genau, was der andere sich zu Weihnachten wünscht? Oder haben Sie sporadisch Kontakt und sind mit dem Wissen zufrieden, dass es den anderen gibt und er oder sie ab und zu auch an einen denkt?

Die erste Kontaktaufnahme zur gesuchten Person ist ein ganz besonderer und zentraler Moment. Sie dürfen nicht nur für sich selbst denken, sondern müssen auch die andere Seite berücksichtigen. Sie selbst haben sich gründlich auf diesen Moment vorbereiten können. Für die andere Person kommt Ihr Kontaktwunsch völlig unerwartet und aus dem Nichts. Leibliche Eltern haben ihrem aktuellen Lebensumfeld eventuell gar nichts von der Existenz eines weiteren Kindes erzählt. Geschwister oder auch Väter wissen vielleicht nicht, dass es Sie gibt!

Anrufen? Schreiben? Hinfahren?

Wenn Sie eine Telefonnummer herausgefunden haben, liegt es nahe, einfach anzurufen. Ich empfehle Ihnen: Tun Sie das nicht! Sie wissen nicht, wer den Hörer abnimmt. Zu erklären, wer Sie sind, kann bedeuten, dass ein langes und wohlgehütetes Geheimnis verraten wird. Und falls nicht, kann durch den Anruf extreme Unruhe in die betroffene Familie gebracht werden. *Wenn* die gesuchte Person selbst den Hörer abhebt, ist es gut möglich, dass Sie sie vielleicht in einer ungünstigen Situation erwischen. Der Enkel muss dringend gewickelt werden, die Nachbarin hat sich in zwei Minuten zum Spaziergang angemeldet oder der Ehemann, der nichts davon wissen soll, steht ungeduldig mit Hut und Mantel neben der Frau, die Ihre leibliche Mutter ist. Aber selbst, wenn Sie einen guten Zeitpunkt erwischen und formal nichts gegen ein Telefonat sprechen würde, kann es doch sein, dass einfach eine emotionale Überforderung entsteht. Es geht um ein wichtiges Thema, das lange verdrängt oder vergessen wurde!

Eine natürliche Reaktion bei Überforderung ist Abwehr. Sie kennen das bestimmt von den Situationen, in denen Ihnen am Telefon ein Handyvertrag angeboten wird. In erster Linie möchte man Zeit bekommen, um in Ruhe darüber nachzudenken. Wenn man am Telefon zu einer Entscheidung gezwungen wird, ist die Antwort meistens nein, auch mit dem Risiko, dass man sich vielleicht eine Ersparnis damit entgehen lässt. Deswegen sollte die erste Kontaktaufnahme schriftlich und diskret erfolgen.

Schriftlich – aber nicht über soziale Netzwerke. Erstens wissen Sie nicht, ob das Profil nur von der Person gepflegt wird, die Sie erreichen wollen. Manchmal teilen sich Ehepartner auch ein Profil oder – besonders bei öffentlichen Personen – sie lassen es durch einen Dritten pflegen. Bei Facebook beispielsweise werden Nachrichten von Unbekannten auch nicht gleich durchgelassen. Sie landen in einem Postfach, das so verschachtelt ist, dass man es als Facebook-Laie nur schwer zu Gesicht bekommt.

Die erste Kontaktaufnahme sollten Sie also per Briefpost unternehmen. Berücksichtigen Sie dabei immer den Gedanken, dass die gesuchte Person Ihre Existenz ihrem aktuellen Umfeld bisher verschwiegen haben könnte. Es sollte möglichst kein gewöhnlicher Fensterumschlag verwendet werden. Bestenfalls sollte der Brief in einem schönen Briefumschlag aus der Papeterie versendet und mit der Hand adressiert werden. So wird deutlich: *Der Brief ist privat und wichtig. Jemand hat sich Mühe gegeben.*

Um nicht mit der Tür ins Haus zu fallen und der betroffenen Person die Chance zu geben, Kontakt zu Ihnen aufzunehmen, ohne dass die Familie direkt eingeweiht wird, könnte der Wortlaut sein:

»Ich heiße (Vorname, den die gesuchte Person eventuell kennt) und wurde im Jahr _____ in _____ geboren. Ich schreibe Ihnen (oder Dir), weil ich mich gerne im Rahmen meiner Familienforschung austauschen würde. Ich freue mich, wenn Sie (oder Du) sich deswegen mit mir in Verbindung setzen würden/würdest.«

Ob Sie das vertraute *Du* oder eher das förmliche *Sie* verwenden möchten, lassen Sie Ihr Gefühl entscheiden.

Meistens erkennen die Gesuchten am Vornamen oder dem Geburtsjahr, worum es gehen könnte. Personen ihres Umfeldes, die den Brief eventuell ebenfalls lesen, können sie sagen: *Da geht es vielleicht um eine Ahnenforschung.*

Der Brief sollte ganz normal frankiert und ohne Einschreiben abgeschickt werden. So ist es am unauffälligsten (könnte eine Einladung sein) und der gesuchte Mensch muss nicht zur Post gehen, um den Brief abzuholen.

Was tun, wenn niemand antwortet?

In meinem Arbeitsalltag wird nur einer von drei ersten Briefen innerhalb von zwei Wochen beantwortet. Die anderen bleiben unbeantwortet, keine Reaktion! Auch hier gilt: ruhig Blut! Zuerst einmal muss Ihnen klar sein, dass die Tage des Wartens für Sie viel langsamer vergehen als für die betroffene Person.

Ich habe einmal bei einem leiblichen Vater angerufen, der über einen Zeitraum von drei Monaten hinweg auf mehrere Briefe nicht geantwortet hat. Seine Reaktion: »Nun lassen Sie mir doch mal ein bisschen Zeit! Sie kommen hier lang wie so 'ne Lottofee und schreiben mir, dat ich 'n Kind hab und nu soll ich gleich reagieren?«

Sie kennen das vielleicht von sich selbst: Wenn Sie eine wichtige Sache aufschieben, wundern Sie sich, dass schon wieder eine Woche vergangen ist, ohne dass Sie sich (meinetwegen um die Steuererklärung) kümmern konnten. So geht es der gefundenen Person vielleicht auch. Drei Wochen sind da keine lange Zeit.

Im Rahmen des vielleicht immer noch ablaufenden Selbstboykott-Programmes könnte man aufgeben. *Er oder sie antwortet nicht, dann besteht wohl auch kein Interesse.* Dazu kann ich nur sagen: Wer heute den Kopf in den Sand steckt, knirscht morgen mit den Zähnen.

Wenn auf Ihren Brief nicht sofort geantwortet wird, kann das mehrere Gründe haben.

- Die gesuchte Person möchte keinen Kontakt, weil sie kein Interesse hat.
- Die gesuchte Person möchte keinen Kontakt, weil sie nicht möchte, dass ihre jetzige Familie von Ihrer Existenz erfährt.
- Die gesuchte Person findet das Anschreiben befremdlich. Sie lebt allein und es gibt aus ihrer Sicht keinen Grund, aus dem nicht ganz direkt geschrieben wird: *Hallo, ich bin Dein Kind/Bruder usw.* Sie benötigt mehr Zeit, weil sie sich beispielsweise mit Freunden oder der Familie beraten möchte und ist misstrauisch, ob es sich hier vielleicht um einen Enkeltrick oder sonstigen Betrugsversuch handeln könnte.
- Die gesuchte Person hat den Brief nicht erhalten, weil sie gar nicht an der Meldeadresse lebt.
- Die gesuchte Person hat aus gesundheitlichen Gründen nicht geantwortet. Sie liegt im Koma oder ist dement und jemand anderes nimmt die Post für sie entgegen.

Was können Sie tun, wenn die Antwort ausbleibt? Weil man nicht wissen kann, aus welchen Gründen der Brief nicht beantwortet wurde, empfehle ich auf jeden Fall, nach etwa drei bis vier Wochen einen zweiten Brief an die gesuchte Person zu schicken. Der zweite Brief muss alle fünf oben genannten Eventualitäten berücksichtigen. Deshalb wird der zweite Brief mit Einschreiben und Rückschein (eigenhändige! Übergabe) versendet, damit man sicher sein kann, dass die Post die gesuchte Person tatsächlich erreicht.

Der zweite Brief muss immer noch so formuliert sein, dass das Umfeld nicht erkennen kann, wer schreibt. Man sollte davon ausgehen, dass in der Familie nichts über Sie bekannt ist und es auch geheim bleiben soll. Inhaltlich können folgende Punkte in den Brief geschrieben werden:

- dass der erste Brief nicht beantwortet wurde, man nicht sicher ist, ob er angekommen ist, und der Brief deshalb per Einschreiben kommt;
- dass man ja sehr allgemein geschrieben hat und sich die andere Person vielleicht eine persönlichere Ansprache gewünscht hätte oder Beweise benötigt werden und deswegen als nächster Schritt ein weiterer Brief geschickt wird, dem man Dokumente beilegt, die die Echtheit des Anliegens beweisen.

Damit erreicht man folgenden Effekt:

- Die Person wird weiter neutral *aussitzen* oder sich mit einer Absage melden.
- Die Person wird sich melden, weil sie ihr Geheimnis für sich behalten möchte (Urkunden würden ihr Geheimnis auffliegen lassen).
- Die Person kann beruhigt die *Beweise* abwarten und hat Zeit gewonnen.
- Die Person kann nicht antworten, gegebenenfalls meldet sich eine Betreuungsperson.

Nachdem Sie den Nachweis erhalten haben, dass der zweite Brief von der gesuchten Person selbst entgegengenommen wurde, warten Sie mindestens zwei Wochen.

Sie wissen nun, dass die gesuchte Person Ihre Post persönlich empfängt und brauchen sehr wahrscheinlich keine Befürchtungen zu haben, dass der dritte Brief in falsche Hände gerät oder die gesuchte Person in Nöte bringen wird, weil sie Ihre Existenz geheim halten möchte. Dieser dritte Brief kann ein persönlicher Brief sein, der bestenfalls von Herzen geschrieben wurde. Anlagen können aktuelle Fotos von Ihnen und Ihrer Familie oder Baby- und Kinderfotos sein. Ich empfehle aber, letztere lieber zu einem ersten persönlichen Treffen mitzubringen. Bei diesem Schritt haben Fotos eher den Zweck, dass die andere Person sich *ein Bild machen* kann, mit wem sie es zu tun hat. Kopien der Dokumente, die die Echtheit des Anliegens bestätigen, können ebenfalls beigelegt werden.

Wie kann so ein persönlicher Brief aussehen und wie entsteht er?

- Der Brief sollte nicht zu lang und nicht zu kurz sein, etwa ein bis zwei DIN-A4-Seiten, möglichst nach GfK-Art geschrieben.
- Für den Leser oder die Leserin sollte daraus hervorgehen, was Ihre *Absicht* ist, aus welchem Grund Sie den Kontakt suchen und was Sie sich davon erhoffen.
- Sie können sich ruhig Zeit damit lassen und sich Hilfe bei einer vertrauten Person oder einem Therapeuten holen.
- Bevor Sie sich hinsetzen und anfangen, den Brief zu schreiben, empfehle ich Ihnen, eine Mindmap* zu erstellen. In unserem Fall kann sie zum Beispiel folgende Themen enthalten:

---

* Über Mindmapping gibt es viel Literatur und im Internet findet sich ebenfalls einiges an Beschreibungen und Anleitungen. Der Begriff Mindmap heißt übersetzt Gedanken-Landkarte. Eine Mindmap ist eine visuelle Darstellung, für die das Thema (hier »Brief an XY«) in eine gezeichnete Wolke auf die Mitte eines großen Blatts geschrieben wird. Von ihr ausgehend werden Zweige oder Äste in Form von Strichen gezeichnet, die mit Unterthemen oder konkreten Gedanken dazu verbunden sind. Jeder Zweig kann wiederum weitere Zweige haben, um mehr Details und Zusammenhänge darzustellen. Mindmaps können dabei helfen, komplexe Themen zu strukturieren. Sie sind eine Art Brainstorming und dienen als Stichwortzettel für den Brief, der dann anhand der Mindmap verfasst werden kann.

- den Wunsch nach einem Treffen,
- Informationen über sich selbst,
- die Frage nach Erbkrankheiten,
- die Geschichte aus der anderen Perspektive

usw.

Versenden Sie diesen Brief wieder per Einschreiben, damit Sie sicher sein können, dass er nicht verloren gegangen ist. Wenn der dritte Brief persönlich angenommen wurde, aber nach zwei bis drei Wochen keine Reaktion erfolgt, *kann* das bedeuten, dass kein Kontakt gewünscht wird oder die gesuchte Person sich noch unsicher ist.

Auch wenn es der natürliche Impuls sein kann, sich zurückzuziehen und vom Vorhaben abzulassen, ist es dennoch ratsam, eindeutig für sich zu klären, ob das Schweigen *nein* heißt. Denn wenn es auch nur einen Hauch von Zweifel gibt, weil zum Beispiel die Ehefrau die Briefe entgegengenommen haben könnte, ist es nicht unwahrscheinlich, dass die Frage, ob der Kontakt von der gesuchten Person *wirklich* nicht gewünscht war, mit ein paar Jahren Abstand wieder aufkommt. Dann fahren Sie lieber persönlich hin (oder lassen einen Vermittler hinfahren), damit die Frage an der Haustür eindeutig geklärt werden kann.

Manchmal gelingt der Kontakt aber auch nicht – das muss man dann akzeptieren oder daran arbeiten, es akzeptieren zu lernen.

Man weiß erst mit den Jahren, was es einem bedeutet

Wenn man sich auf den Weg macht, lässt man sich auf eine Achterbahnfahrt ein. Wenn sich die Wogen geglättet haben, die Gewissheit sich in den Alltag eingewoben hat, dann weiß man erst, was es einem wirklich bedeutet. Dann weiß man auch, was einem das Nichtwissen und die Ungewissheit bedeutet haben, wie schlecht es sich angefühlt hat, dass alle die Wahrheit kannten, nur man selbst nicht. Das ganze Familiengefüge setzt sich neu zusammen.

Das Gefühl, dass alles an seinem richtigen Platz ist, ist schwer zu beschreiben. Die Amerikaner sagen dazu *everything falls into place*. Wenn sich Klientinnen und Klienten längere Zeit, nachdem sie ihr Projekt beendet haben, wieder bei mir melden und erzählen, wie es weitergegangen ist, ist dieses Gefühl deutlich spürbar.

So war es zum Beispiel bei Birgit. Sie hat ihren Vater gesucht. Er wurde ihr nicht direkt verschwiegen, aber doch vorenthalten. Ihre Mutter Heidrun ging mit 21 Jahren als Au-pair-Mädchen nach Spanien. Dort lernte sie Raoul kennen. Sie verliebten sich wohl auf den ersten Blick ineinander.

Im Vorgespräch erzählte Birgit, dass Raoul ihre Mutter oft mit dem Roller abgeholt haben soll und sie zusammen ins Dorf gefahren seien. Birgit hatte ihre Mutter einmal zu sich eingeladen und sie gebeten, alte Fotoalben mitzubringen. Sie hatte Glück, dass auch das Fotoalbum mit dem Bild ihres tabuisierten Vaters darunter war. Sie meinte, dass sie an dem Abend den Eindruck hatte, dass der Sommer, in dem sie gezeugt wurde, vielleicht der schönste im Leben ihrer Mutter gewesen sein könnte.

Birgits Mutter hatte ihr schon früher davon erzählt, dass sie Spanien so schnell wie möglich verließ, als sie bemerkt hatte, dass sie schwanger war. Ihre Eltern sprachen ihr gut zu, dass sie das Kind bekommen solle. Sie hielten Heidrun den Rücken frei, indem sie immer für Birgit da waren. Sie waren es auch, die Heidrun dazu ermutigten, Raoul mit ihrer inzwischen zweijährigen gemeinsamen Tochter zu besuchen. Raoul soll wohl sehr bemüht gewesen sein. Fotos gab es jedoch keine von diesem Besuch. Birgit erzählte, dass es ihrer Mutter unangenehm sei, darüber zu sprechen. Sie sagte nur, dass beiden sehr schnell klar geworden sei, dass sie keine Familie sein könnten. Heidrun kehrte zehn Tage später mit Birgit nach Deutschland zurück. Dort lernte sie Birgits sozialen Vater kennen, den sie auch recht bald heiratete. Birgit wusste immer, dass der Ehemann nicht ihr biologischer Vater war. Ein Jahr später bekam sie eine Halbschwester und obwohl der Ehemann der Mutter Birgit adoptiert hatte, wurde sie nie hundertprozentig warm mit ihrem Stiefvater. Es gab von Heidrun aus keinen Kontakt nach Spanien, Birgit fragte nie danach. Birgits Vater hatte den Wunsch geäußert, dass über den Spanier nicht gesprochen werden sollte, und Heidruns Eltern unterstützten das. Da Birgit ihre Großeltern über alles liebte, verdrängte sie jedes Gefühl der Sehnsucht nach dem spanischen Vater. Birgit war 37 Jahre alt, als sie sich an mich wendete. Sie hatte fünf Jahre vorher geheiratet. Endlich konnte sie mit jemandem darüber sprechen, dass sie eigentlich immer den Wunsch hatte, ihren leiblichen Vater einmal kennenzulernen.

Wir fanden Raoul in einem kleinen Ort in der Nähe von Sevilla. Er war sehr froh, von Birgit zu hören. Nachdem Heidrun durch die Heirat ihren Namen geändert hatte, konnte er sie und seine Tochter nicht mehr finden.

Birgit erzählte, dass sie im selben Jahr mit ihrer Familie nach Spanien gereist ist. Sie hat sofort angefangen, Spanisch zu lernen, und sagt, dass der Kontakt regelmäßig gepflegt werde. Den Moment, als sie ihren Vater das erste Mal sah, beschrieb sie so: »Als wir uns in die Augen blickten, war das ein Gefühl, als ob in meiner Brust ein Knoten geplatzt wäre. Als ob sich in meiner Seele etwas vervollständigt hätte.«

Das Gefühl anzukommen

Wenn Familiengeheimnisse unbekannte Eltern oder Vorfahren betreffen, die von der Familie dämonisiert wurden, ist es heilsam, sich ein eigenes Bild von diesen Personen machen zu können. In dem Moment, in dem man den Menschen hinter dem angeblichen Monster sieht, macht das auch etwas mit einem selbst: Es ist eine Versöhnung. Man kann unabhängig für sich, ohne auf Erzählungen von Angehörigen angewiesen zu sein, Frieden mit den betreffenden Personen schließen. Das wirkt sich auch auf andere Ebenen im Leben aus. Um etwas ganz begreifen zu können, muss man es von allen Seiten anschauen können.

Quelle: Zeitblüten | www.zeitblueten.com

Auch wenn einem immer die gleiche Geschichte erzählt wurde, die man grundsätzlich auch glauben kann, fühlt es sich doch anders an und ergibt auch meist ein ganz anderes Bild, wenn man auch die andere Seite dazu gehört hat.

Bei der Suche nach ihrem Vater konnte Marie diesen Aspekt sogar auf der physischen Ebene erleben. Ihr Vater wurde an ihrem letzten Urlaubstag gefunden. Die Gespräche und WhatsApp-Nachrichten mit ihrer neu gefundenen Familie gingen bis spät in die Nacht. Während sie mir das erzählte, war sie gerade mit ihrem Wohnmobil auf der Heimreise – ein schönes Symbol!

Wenn eine Herkunftssuche abgeschlossen, ein Tabu gelüftet ist oder eine Wahrheit sich in einem Familiensystem ihren Weg ans Licht gebahnt hat, kann das starke Auswirkungen auf verschiedene Lebensbereiche haben. Krankheiten, Depressionen, Essstörungen oder Suchterkrankungen können geheilt werden. Blockaden im Arbeitsleben können sich lösen oder Beziehungen mehr Leichtigkeit bekommen. Und das nicht nur für einen selbst, sondern auch für die nachfolgenden Generationen.

Die Schwierigkeit, sich in (neue) Rollen einzufinden

Die Verbindung zwischen Familienangehörigen, die sich noch nie kennengelernt haben, ist manchmal schwierig. Ist die gesuchte Person erst einmal gefunden, versucht jede Seite, ihre Rolle zu erfüllen: die Rolle der Mutter, des Vaters, die Rollen von Geschwistern oder des Kindes. Alle diese Rollen sind in der gesellschaftlichen Wahrnehmung hochemotional, sagen wir, »aufgeladen«. Es sind nicht nur einfach »Rollen«, es sind geradezu Konzepte! Konzepte, denen aber immer eine Bindung zugrunde liegt. Was also, wenn diese Bindung nicht vorhanden ist? Dann werden diese Rollen oft zu Hülsen der dahinterliegenden Konzepte, in die die Betroffenen gar nicht hineinpassen können. Man kann keiner fremden Person plötzlich Mutter, Vater, Geschwister oder Kind sein! Für die Rolle »abgebende Mutter«, »unbekannter Vater«, »unbekanntes Kind« oder »unbekannte Geschwister« gibt es keine Konzepte in der Gesellschaft, keine Vorbilder. So fällt es vielen Beteiligten schwer, sich in die tatsächliche Rolle einzufinden. Manchmal ist es sogar komisch oder auch peinlich, wenn sich Eltern und Kinder als Fremde begegnen und das Gefühl haben, jetzt emotional sein zu müssen. Sich in die wirkliche Rolle einzufinden und an einer Beziehung zueinander zu arbeiten, ist für die Beteiligten oft schwierig und manchmal gelingt es auch gar nicht. Das kann dazu führen, dass der Kontakt wieder gänzlich abgebrochen wird, was bei Eltern-Kind-Verbindungen häufiger geschieht als bei Geschwisterbeziehungen. Geschwister haben allein durch das Alter mehr gemeinsam. Oft verstehen sie sich auch als eine Art »Verbündete« gegenüber den leiblichen Eltern.

Wie geht man damit um, wenn Personen verstorben sind oder keinen Kontakt möchten?

Nicht immer kann der Wunsch nach Kontakt zu verloren geglaubten Verwandten erfüllt werden – zum Beispiel wenn die Betroffenen entweder verstorben sind oder den Kontaktwunsch aus welchen Gründen auch immer nicht erwidern können oder wollen. In diesen Fällen ist es besonders schwer, aber in meinen Augen auch besonders wichtig, mit dem Thema abzuschließen – und zwar nachhaltig.

Meine Erfahrung zeigt, dass eine Suche nach Familienangehörigen nicht einfach so ad acta gelegt werden kann. Peter Kühn (2015) hat in seiner Adoptionsforschung einen Zehn-Jahres-Rhythmus erkannt. Auch in meiner Arbeit wurde deutlich, dass es regelmäßig um die zehn Jahre sind, die zwischen der Suche nach der Mutter und der nach dem Vater liegen. Falls ein Vater bereits verstorben war oder keinen Kontakt wünschte, ist es wahrscheinlich, dass nach zehn Jahren ein weiterer Anlauf unternommen wird, über eventuelle Halbgeschwister doch noch Zugang zu dieser biologischen Hälfte zu bekommen. Der Verarbeitungsprozess kann aus meiner Sicht erst als gelungen bezeichnet werden, wenn sich das Thema auch nach zehn Jahren nicht wieder an die Oberfläche des Bewusstseins bewegt und dann wieder anfängt zu *nagen*. Vielleicht kann man den Unterschied zwischen Verdrängen und Verarbeiten mit dem Unterschied zwischen Fettabsaugen und Abnehmen vergleichen: Ein Fitnesstrainer hat mir auf meine scherzhafte Äußerung hin, dass ich vielleicht doch die Polster an den Problemzonen absaugen lassen sollte, gesagt, dass so etwas den Effekt habe, dass sich die Fettpolster plötzlich an ganz anderen Stellen bildeten. Es muss also schon eine richtig fundierte Entscheidung dahinterstehen, wenn man sich entschließt, das Thema ein für alle Mal ruhen zu lassen.

Familienaufstellungen

Wenn sich betroffene Personen dem Kontakt nicht öffnen oder schlicht und einfach nicht mehr leben, hat man wenigstens das fertige Genogramm, mit dem man eine gewisse Übersicht hat. Man bekommt ein Gefühl dafür, welche Menschen durch was wie geprägt wurden und wie sie einen selbst schließlich ihrerseits geprägt haben. Allerdings hat man kaum eine Idee, wer und wie diese Menschen waren. Man kennt nur die Erzählungen anderer Angehöriger und weiß nie sicher, was für einen Charakter sie hatten. Welche Einstellungen haben sie vertreten? Wie würden sie auf was reagieren? Wie war ihre Persönlichkeit? Hätte die Chemie zwischen Ihnen und Ihrer Urgroßmutter gestimmt? Diese Fragen können einfach nicht beantwortet werden. Und manchmal wünscht man sich, dass Tote doch wenigstens für einen gemütlichen Nachmittag wieder lebendig gemacht werden könnten, sodass man sich mit ihnen zusammensetzen und sie fragen könnte, wie eigentlich ihr Blick auf die Dinge war. Man könnte erfahren, welche Sichtweisen hinter den Geschichten stecken, die Sie immer von Ihrer Familie gehört haben.

Es gibt eine Methode, bei der mit diesen Toten tatsächlich eine Art menschlicher Austausch entstehen kann. Was ich meine, ist das Familienstellen. Familienaufstellungen werden in der Regel mit Bert Hellinger in Verbindung gebracht. Den Diskurs um ihn, seine Geschichte und seine Praxis möchte ich an dieser Stelle nicht führen. Aus meiner Sicht ist es wichtig zu wissen, dass Bert Hellinger das Familienstellen nicht erfunden hat. Es wurde von der US-amerikanischen Psychotherapeutin Virginia Satir zunächst als Familienskulptur und später als Familienrekonstruktion entwickelt. Das Familienstellen ist mittlerweile eine sehr beliebte Methode und wird von vielen Therapeutinnen und Therapeuten durchgeführt.

Wie kann man sich das vorstellen? Zu einer Familienaufstellung kommen Menschen zusammen, die in keiner besonderen Beziehung zueinanderstehen. Wie zu jedem anderen beliebigen Seminar kommt, wer sich angemeldet hat. Die Veranstaltung wird von einem Familientherapeuten oder einer Familientherapeutin angeleitet und von ihr oder ihm wird bestimmt, wer jeweils sein Anliegen oder seine Frage aufstellen möchte. Die Person, die »aufstellt«, ist nun aufgefordert, ihre Frage oder das Anliegen mit den Menschen, die sich im Raum befinden, mit den jeweiligen Personen bildhaft darzustellen. Beispielsweise stellt Person A ihre Eltern, ihre Schwester und die Geliebte des Vaters auf. Dazu nimmt sie sich beliebige Personen aus dem Kreis der Anwesenden und stellt sie an einen Platz im Raum, den sie als passend empfindet – in diesem Beispiel Vater und Geliebte dicht nebeneinander links von sich selbst, Schwester und Mutter in größerem Abstand auf die rechte Seite. Für die Person selbst wird ebenfalls eine der anwesenden Personen als Stellvertreter ausgewählt.

Durch die Position zueinander – und das ist wissenschaftlich noch nicht zu erklären – werden Gefühle in den jeweiligen Stellvertretern frei, und zwar die Gefühle, die der Mensch hat oder hatte, die von der Person dargestellt wird. Über das Aufstellen von Systemen im weitesten Sinne werden ganze Bücher geschrieben. Wie und warum es funktioniert, weiß wahrscheinlich niemand. Fakt ist jedoch: Es funktioniert tatsächlich.

Ich habe in meinem Leben bisher vier Aufstellungen erlebt und bemerkt, dass es Unterschiede in der Qualität gibt. Je erfahrener die Person ist, die die Aufstellung anleitet, desto mehr kann man aus einer Aufstellung herausziehen. Gespräche, am besten mit einer Therapeutin oder einem Therapeuten, können den Prozess unterstützen.

Wie nützlich eine Familienaufstellung sein kann, zeigt aus meiner Sicht das Beispiel von Gerd: Er wurde außerehelich gezeugt und suchte und fand als Erwachsener seinen Vater. Dieser lehnte jedoch jeden weiteren Kontakt strikt ab. Der Grund: Er sei noch mit derselben Frau verheiratet, die er damals bei der Zeugung des Klienten betrogen habe. Als Gerd mich anrief, befand er sich in einer Therapie und hatte bereits mehrere Familienaufstellungen hinter sich. Er erzählte, dass er in den Aufstellungen bestätigt gesehen habe, dass der Vater aus Loyalität zu seiner Ehefrau nicht bereit sei, den Kontaktwunsch seines Sohnes zu erwidern. Der Vater hatte mit seiner Frau zwei Töchter. Auch diese sollten in der Aufstellung berücksichtigt werden und wurden deswegen aufgestellt. Überraschenderweise zeigte sich dabei, dass eine der beiden Töchter Gerd zugewandt war. Nach einer Beratung mit meinem Klienten suchte ich zuerst die ältere der beiden Schwestern und schrieb sie an. Die Reaktion war eine harsche E-Mail: »Grundsätzlich löst jeder erneute Kontaktversuch von Herrn X unglaubliches Ungemach in unserer Familie aus, weshalb ich ihn nur dringend dazu auffordern kann, weitere Versuche zu unterlassen. Wir alle sind nicht willens, weitere Eingriffe hinzunehmen.«

Gerd und ich beschlossen daraufhin, die jüngere Schwester zu suchen. Das war allerdings gar nicht nötig. Kurze Zeit nachdem die E-Mail der älteren Schwester eintraf, rief die jüngere Schwester bei mir an. Ich war nicht im Büro, deshalb hinterließ sie eine Nachricht auf dem Anrufbeantworter. Sie hatte die Korrespondenz von ihrer Schwester bekommen und daraufhin den Wunsch entwickelt, Kontakt zu Gerd aufzunehmen. Sie empfand das Verhalten ihrer Familie als ungerecht. Gerd könne schließlich nichts dafür, dass ihr gemeinsamer Vater die Mutter damals betrogen habe. Die beiden haben daraufhin ein herzliches Verhältnis aufgebaut. Gerd sagte, dass er es ohne diese Familienaufstellung nie gewagt hätte, einen weiteren Anlauf zu starten.

Mit dem Thema abschließen – mit jeder Körperzelle

Eine weitere Möglichkeit, so ein grundlegendes Thema für sich abzuschließen – und zwar mit jeder Zelle –, ist, ein *Ritual* durchzuführen. Ich vermute, dass Rituale deshalb so wirksam sind, weil nicht nur in Gedanken abgeschlossen wird. Ein Ritual beinhaltet *Handlungen,* die auch der Körper vollzieht. Zusätzlich zum Gehirn speichert also auch der Körper die Information ab, dass nun *damit abgeschlossen* wird.

Ein mögliches Ritual könnte beispielsweise sein, einen Brief an die betreffende Person zu schreiben. In dem Brief kann alles von Beginn an aufgeschrieben werden.

1. Wie man zuerst gemerkt hat, dass es eine Lücke oder ein zu klärendes Thema gibt,
2. wie man sich im Verlauf der Recherche mit allen Aufs und Abs gefühlt hat,
3. wie viel Mut aufgebracht wurde, wie viel Kraft es gekostet hat, sich auf den Weg zu machen,
4. wem gegenüber man sich für seine Anstrengungen rechtfertigen musste,
5. wie groß die Enttäuschung war zu erfahren, dass die betreffende Person verstorben ist oder sich dem Kontakt verschließt.

Um abzusichern, dass Ihr Ritual auch die gewünschte Wirkung entfaltet, nämlich innerlich mit dem Thema abzuschließen, könnten Sie in dem Brief eine Prognose formulieren, wie Sie wohl in zehn Jahren auf diesen ganzen Prozess zurückblicken werden. Zum Beispiel: »Wenn ich in zehn Jahren an diese Zeit zurückdenke, werde ich wissen, dass ich alles mir Mögliche getan habe, um mit Dir in Kontakt zu kommen. Die Möglichkeit hat sich nicht ergeben und ich konnte es akzeptieren.« Das Briefritual kann dann noch weitere Schritte umfassen:

1. Zünden Sie eine Kerze in einer großen feuerfesten Schale an und verbrennen Sie den Brief.
2. Füllen Sie die Asche des Papiers in ein verschließbares Holz- oder Pappdöschen.
3. Bauen Sie ein kleines Floß oder kaufen Sie ein kleines Spielzeugboot aus Holz.

4. Setzen oder kleben Sie das Döschen mit der Asche auf das kleine Floß oder Spielzeugboot.
5. Verabreden Sie sich mit einer vertrauten Person oder Ihrer Therapeutin/Ihrem Therapeuten, und setzen Sie das kleine Floß oder Spielzeugboot in ihrer oder seiner Anwesenheit in einen Fluss und lassen es ziehen.
6. Mit dem Ziehenlassen sagen Sie einen Satz, den Sie sich vorher erarbeitet haben. Der Diplompsychologe und Psychotherapeut Jorgos Canakakis (2013) lässt in seinen Trauerseminaren ritualisiert Abschied nehmen. Er weist darauf hin, dass es »Abschied *nehmen*« heißt. Etwas wird *verabschiedet*, aber auch etwas *genommen*. Das, was die Teilnehmenden sagen, ist: »Ich verabschiede … und ich nehme …« Zum Beispiel: »Ich verabschiede die Hoffnung, dass wir je miteinander ins Gespräch kommen werden, und ich nehme die Gewissheit, dass ich auch ohne dich ein gutes weiteres Leben haben kann.«

Das zweite Merkmal eines Rituals ist, dass man es nicht alleine durchführt, sondern ein Zeuge anwesend ist. Der Austausch mit einer vertrauten Person gibt einem während der Durchführung zusätzlichen Halt. Durch die Gemeinsamkeit können Sie die Erinnerung daran teilen und sich später darüber austauschen.

Wenn es aber nicht gelingt, die Sache für sich abzuschließen – auch nicht durch ein Ritual –, wenn immer wieder der Gedanke entsteht, dass man doch irgendwie Zugang zur eigenen Familie bekommen müsste, die einem bisher verborgen geblieben war oder man eine Antwort auf eine unlösbare Frage aus dem Giftschrank der Familie haben möchte, dann sollte man inhaltlich dranbleiben – sei es durch weitere Quellenrecherchen, durch Familienaufstellungen oder eine Therapie.

Die Systeme ordnen sich neu

Es gibt mehrere Stationen, an denen sich das System neu ordnen muss, wenn sich jemand auf den Weg macht, seine Herkunft zu erforschen oder einem Familiengeheimnis auf die Spur zu kommen.

Die erste Neuordnung entsteht während des Entscheidungsprozesses: Sich dafür zu entscheiden, etwas Verschwiegenem auf den Grund zu gehen, bedeutet meistens, sich über eingespielte Loyalitäten hinwegzusetzen. Da ein System immer versucht ist, sein inneres Gleichgewicht zu erhalten, muss ein Änderungsimpuls gesetzt werden, damit sich das System neu organisieren kann. Ein Gespräch mit einem Familienmitglied oder auch nur mit dem Pastor kann so einen Änderungsimpuls darstellen. Man sagt oft, dass der Anfang am schwierigsten sei. In diesen Fällen kann das wirklich zutreffen, wenn Betroffenen bewusst wird, dass Menschen, mit denen sie sich immer verbunden gefühlt haben, sie eigentlich ihr Leben lang angelogen haben. Diese erste Neuorganisation kann ein schmerzlicher Prozess sein und auch eine Zeit lang andauern. Die eigentliche Recherche beginnt oft erst, wenn dieser Prozess abgeschlossen ist, wenn man sich, und sei es nur innerlich, von den Menschen getrennt hat, die einem Widerstände entgegengebracht haben. Wenn man sich emanzipiert hat und genau weiß, was man will, hat man auch genügend Kraft, um den Weg der Klärung weiterzugehen.

Die eigentliche Recherche ist dann eine Situation, in der sich das System wieder neu ordnet, denn Recherchen stellen ihrerseits Änderungsimpulse dar. Fakten kommen Stück für Stück auf den Tisch, beispielsweise durch eine Geburtsurkunde, in der zu lesen ist, dass der Vater vor der Ehe mit der Mutter schon einmal verheiratet war, oder wenn sich herausstellt, dass die Mutter nichtehelich geboren wurde. Dinge ändern sich, wenn Verwandte mit der

Frage, ob sie etwas wissen, das für die eigene Suche nützlich sein kann, ins Vertrauen gezogen werden. Dann brechen manchmal Dämme: Wenn zum Beispiel eine entfernte Verwandte jahrzehntelang darunter gelitten hat, nicht die Wahrheit sagen zu dürfen, und nun froh ist, endlich darauf angesprochen zu werden und darüber sprechen zu können, ohne ein Geheimnis zu verraten – schließlich ist es ja offensichtlich schon bekannt. Plötzlich werden Hilfen angeboten, die sich Suchende nicht hätten träumen lassen. Lange aufbewahrte Reliquien werden aus dem Keller geholt und stolz präsentiert.

Wenn die Suche abgeschlossen ist, ist der Prozess der Neuordnung meistens am komplexesten, denn nicht nur das eigene System muss sich anpassen. Nun kommt auch noch das andere System hinzu. Viele leibliche Mütter oder leibliche Väter haben ihren Familien nichts davon erzählt, dass es noch ein Kind gibt. Wenn weitere Kinder geboren wurden, wissen diese in den seltensten Fällen, dass sie ältere Geschwister haben, die nicht bei der Mutter oder beim Vater aufwachsen konnten. Der Familie diese Tatsache zu offenbaren, fällt manchen Menschen sehr schwer. Es hat mit Gesichtsverlust zu tun und natürlich – wie meistens – mit Scham.

Oft dauert es sehr lange, bis ein Kontakt entstehen kann, bis sich beide Familien begegnen können. Es müssen einige Prozesse durchlaufen werden, bevor entweder die Familie über das weitere existierende Kind aufgeklärt wurde oder ein Weg gefunden wird, wie man den Kontakt zum verlorenen Kind aufnehmen kann, ohne dass die eigene Familie davon erfährt.

Manchmal frage ich mich tatsächlich, ob der Weg einer Herkunftssuche eher Ähnlichkeiten mit einem Labyrinth oder einem Irrgarten hat. Der Irrgarten ist dadurch gekennzeichnet, dass man einen Ausgang suchen muss. Im Irrgarten gibt es Sackgassen und verschlungene Pfade, die einen manchmal sogar vom

Ziel entfernen können oder im Kreis laufen lassen, ohne dass man es bemerkt. In einem Labyrinth hingegen führen alle Wege zum Ziel – auch wenn sie so verschlungen sind, dass man darin die Orientierung verlieren kann und an manchen Stellen gar nicht mehr weiß, in welcher Richtung sich der Ausgang befinden könnte.

Betrachte ich die Herkunftssuchen, die ich bisher begleiten durfte, gibt es beides: Einige führen relativ direkt zum Ziel. Es macht fast den Eindruck, als würden zwei Magnete sich gegenseitig anziehen und alle vermeintlichen Hindernisse räumen sich ohne Probleme quasi selbst aus dem Weg – wie zum Beispiel bei der Vatersuche von Isabella. Sie hatte nur den phonetischen Namen ihres Vaters als Anhaltspunkt. Er sei Algerier oder Marokkaner und solle zur Zeit ihrer Zeugung in Paris gewohnt haben. Ich hatte wenig Hoffnung, dass wir ihn finden würden. Aber es kam anders: Eine französische Mitarbeiterin fand ihn beim ersten Anlauf mit einer Internetrecherche – per Zufall und mit viel Glück. Vater und Tochter sind direkt miteinander in Kontakt gekommen und waren glücklich darüber.

Andere wiederum entwickeln sich zu unerwartet langfristigen Projekten. Bei Herkunftsklärungen, die am Anfang wie »Standardprojekte« wirken, zeigen sich hinter jeder Ecke wieder neue Gabelungen; es fühlt sich an, als wären mehrere Labyrinthe und Irrgärten miteinander verwoben.

Was vielleicht alle Herkunftssuchen gemeinsam haben, sind zumindest Anteile eines sogenannten Spiegellabyrinths (eigentlich sind es Spiegel-Irrgärten). Denn bei wohl jeder Herkunftssuche werden die Beteiligten mit ihrer Geschichte, ihrem erlebten Trauma und dadurch mit sich selbst konfrontiert.

Perspektivwechsel

Bis hierhin wurde hauptsächlich die Seite derer beleuchtet, denen etwas verschwiegen wurde, derer, die sich aufmachen, ein Geheimnis zu lüften oder ein Tabu zu brechen. Doch darüber hinaus gibt es noch eine zweite Sichtweise, zu der ich gerne etwas ergänzen möchte. Von Tabus und Geheimnissen sind nicht nur die betroffen, die etwas nicht erfahren sollen. Betroffen sind auch deren »Hüter«. Nicht alle sind glücklich in dieser Rolle. Wenn ein Umstand zum Tabu erklärt wird, wird das nicht immer von allen Beteiligten freiwillig mitgetragen. Manchmal wurden Menschen dazu genötigt, etwas zum Geheimnis zu machen, oder sie wurden einfach nur anders beraten, als es aus späterer Perspektive günstig gewesen wäre. Ganz besonders häufig kam es bei Adoptionen vor, dass die Fragen der annehmenden Eltern nach der Aufklärung und dem Umgang mit der Herkunft eines Kindes auch von den damaligen Fachleuten nicht als wichtig erachtet wurde.

Vom »richtigen« Zeitpunkt einer Herkunftsklärung bei Adoption – aus Sicht der annehmenden Eltern

Aus Sicht der annehmenden Eltern von Adoptierten gibt es nur einen richtigen Zeitpunkt zur Herkunftsklärung: nie. Eine Herkunft sollte bestenfalls nie »geklärt« werden müssen. Dieses Ideal kann aber nicht immer umgesetzt werden. Deshalb werde ich manchmal gefragt, wann man sein Kind am besten über seine Herkunft aufklärt. Wenn es sprechen kann? Mit der Einschulung? Wenn die Pubertät vorbei ist? Meine Antwort ist klar und eindeutig: am besten ab dem Tag der Annahme und möglichst regelmäßig – auf dem Wickeltisch, beim Baden, beim Spazierengehen, eigentlich immer dann, wenn sich die Situation eignet. Das heißt, wenn kein Kloß im Hals erst weggeräuspert werden muss, wenn sich kein »Herz gefasst« werden muss, sondern wenn es organisch in den Gesprächsfluss passt.

Zunächst möchte ich das Blickfeld etwas erweitern: Die Frage sollte nicht nur sein »Ab wann sollte ich mein Kind darüber aufklären?«, sondern auch »Welche Bedingungen sollten erfüllt sein, um das Kind mit der erforderlichen Leichtigkeit aufzuklären?«.

Wenn eine Mutter ihrem Kind auf dem Wickeltisch in der Melodie von »Alle meine Entchen« vorsingt: »Duhu bist mein Kindchen, duhu bist mein Kind, duhu bist mein Kind und warst im Bauch von Barbara, bevor du zu mir kamst«, passiert zweierlei: Einerseits hört das Kind die Worte. Damit kann der Säugling wahrscheinlich nicht viel anfangen, allerdings macht sich die Mutter in dem Moment damit vertraut, sich mit dem Kind über das Thema auszutauschen. Es mag sich zuerst einmal merkwürdig anfühlen, einem Säugling, der sowieso noch nichts versteht, so etwas vorzusingen. Es ist aber nützlich, weil so eine Hemmschwelle herabgesetzt wird. Diese Hemmschwelle wird, wenn man die Tatsache, dass das Kind andere leibliche Eltern hat, *nicht* thematisiert, jede Woche, jeden Monat und jedes Jahr höher und höher.

Das Gleiche gilt, wenn das Kind einen anderen Vater hat: Sprechen Sie beim Wickeln oder Baden darüber. Wie war es, als Sie ihn kennengelernt haben und sich verliebten? Was waren die positiven Eigenschaften an ihm, die Sie so angezogen haben, dass Sie intim mit ihm wurden? Haben Sie dabei im Blick, dass Sie dem Kind damit ermöglichen, Selbstliebe zu empfinden. Wenn Sie an dem Vater eigentlich kein gutes Haar lassen können, ist es ein wichtiger Schritt, sich mit ihm auszusöhnen. Diese »Selbstgespräche mit dem Säugling« bringen Sie auf die Spur, ob emotional noch irgendetwas bei Ihnen zu klären ist, das sich sonst vielleicht ungut auf das Kind überträgt. Hassgefühle gegen leibliche Eltern oder gegen den leiblichen Vater bedeuten für das Kind, Selbstzweifel mit der Muttermilch aufzusaugen, seine DNA ist schließlich zur Hälfte die des Vaters und zur anderen Hälfte die der Mutter. »Sind die Eltern oder der Vater nicht okay, kann ich nicht okay sein«, so die logische Schlussfolgerung.

Wenn es ein anderes schambesetztes Thema in Ihrer Familie gibt, das Sie lieber nicht ansprechen möchten, seien Sie sich darüber bewusst, dass die Frage nach dem richtigen Zeitpunkt eigentlich heißen sollte: »Aus welchem Grund nicht jetzt sofort?« Diesen Gründen auf die Spur zu kommen, zu verstehen, aus welchem Grund Sie selbst das Familiengeheimnis zu einem Tabu machen, was genau die Scham auslöst, ist etwas, das man *jetzt sofort* angehen kann.

Das Ziel sollte in allen möglichen Fällen sein, die Hemmschwelle, darüber zu sprechen, für sich ganz und gar abgebaut zu haben. Die Erzählung sollte immer der Wahrheit entsprechen, aber natürlich kindgerecht sein. Wenn eine leibliche Mutter drogenabhängig war und daher nicht für das Kind sorgen konnte, könnte die Geschichte, die der annehmende Vater erzählt, lauten: »Du bist im Bauch von Barbara gewachsen. Als du groß genug warst, hat Barbara dich geboren. Aber es ging ihr nicht besonders gut. Es ging ihr sogar so schlecht, dass sie gar nicht richtig auf dich aufpassen konnte. Sie hat auch nicht gedacht, dass es ihr bald besser gehen würde. Damit dir nichts passiert und du gut aufwachsen kannst, hat sie sich überlegt, dass Mama und ich lieber auf dich aufpassen und deine Eltern sein sollen.«

Später kann man mit dem Kind darüber sprechen, wie es dazu kommen konnte, dass Barbara in diese Lage geraten ist. Was hat sie erlebt, dass sie drogenabhängig geworden ist? Dazu können Genogramme eine gute Hilfe sein. Dort ist dann beispielsweise zu sehen, dass Barbaras Mutter gestorben ist, als Barbara erst zwölf Jahre alt war. Dass ihr Vater alkoholabhängig und Barbara die Älteste von fünf Geschwistern war, um die sie sich von da an alleine kümmern musste. Wichtig ist, dass dem Kind deutlich gemacht wird, dass nicht Verhalten und Umstände vererbt werden, sondern Gene. Und dass Verhalten und Umstände in der Hand eines jeden Individuums liegen – unabhängig von seinen Genen.

Wenn ein Kind von Beginn an mit einer gewissen Unaufgeregtheit seine Geschichte erfährt und der Zugang zu seiner ganzen Biografie etwas Selbstverständliches bekommt, kann es diese ganz natürlich in sein Leben einweben. Das Ziel sollte sein, dass das Kind irgendwann im lockeren Plauderton und in entspannter Körperhaltung sowohl Dritten gegenüber seine Geschichte auf neutrale Weise als auch ebenso offen gegenüber Menschen, die es ins Vertrauen ziehen möchte, eine detaillierte Fassung der Geschichte erzählen kann, wie es dazu kam, dass es woanders als bei seinen leiblichen Eltern aufwächst.

Biografiearbeit kann zwar keine Psychotherapie ersetzen, richtig dosiert und im geschützten familiären Rahmen kann sie das Kind jedoch innerlich stärken. Annehmende Eltern oder Mütter von nichtehelichen Kindern sollten ihre Kinder möglichst dabei unterstützen, Liebe und Mitgefühl für die leiblichen Eltern beziehungsweise für den Vater zu empfinden. »Wer seine Wurzeln vernichtet, kann nicht wachsen.« (Friedensreich Hundertwasser) Positiv ausgedrückt heißt das: Wer seine Wurzeln wertschätzt und gießt, steht fest im Leben.

Wenn einem Kind etwas verschwiegen wird, spürt es das. Es fühlt, dass es eine Hemmschwelle gibt, das Thema anzusprechen. Je länger das Geheimnis gewahrt wird, desto höher die Hemmschwelle, desto größer wird die Sehnsucht des Kindes, es aufzulösen, es anzusprechen.

Der erste Schritt ist es also, sich als Eltern mit der Biografie des Kindes anzufreunden, damit es sich für das Kind normal anfühlt, über die vermeintlich schwierigen Themen zu sprechen. Bestenfalls ist die eigene Hemmschwelle abgebaut, wenn das Kind mit dem Sprechen beginnt. Dann ist man gewappnet, wenn das Kind über seine Geschichte reden möchte – denn das möchte es meist in »unmöglichen« Situationen: in der Schlange im Supermarkt, im vollen Zugabteil auf dem Weg zur Oma oder beim Rückwärts-Einparken.

Wenn die ganz frühe Aufklärung versäumt wurde

Vielleicht halten Sie dieses Buch in den Händen, Ihr Kind ist aber schon älter und Sie haben es noch nicht über seine Geschichte aufgeklärt. In dem Fall ist mit dem Vorangegangenen wahrscheinlich deutlich geworden, dass es bestenfalls nicht weiter herausgezögert werden sollte. Ihr Kind spürt wahrscheinlich schon lange, dass *es da etwas gibt* und leidet darunter.

Die erste und wichtigste Aufgabe für Sie wäre nun, sich selbst mit dem Thema auszusöhnen: innerlich Frieden zu schließen, vor allem mit der Situation und damit, wie sie entstanden ist, sie anzunehmen und das Gute darin zu sehen. Wie in dem Kapitel *Warum doppelte Elternschaft verschwiegen wird* schon beschrieben, begründen viele Eltern, die ihre Kinder nicht über ihre Herkunft aufklären, dies damit, dass sie ihr Kind *schützen* wollen. Hier ist Selbstehrlichkeit gefordert, denn man schützt durch die Geheimhaltung in erster Linie sich selbst – und zwar vor einem Gesichtsverlust. Aus Angst davor, dass das Bild der intakten Familie beschädigt werden könnte, wird das Geheimnis bewahrt. Dem Kind tut man damit keinen Gefallen. Ein Kind vor der Wahrheit schützen zu wollen, ist ein Widerspruch in sich.

Ich habe in meinen über zwanzig Berufsjahren schon (erwachsene) Kinder begleitet, deren Väter gewalttätig oder sogar Mörder waren. Dennoch sollten sie gesucht werden. Denn *gerade* wenn schwierige Geschichten mit einem leiblichen Verwandten verknüpft sind, ist es wichtig, die Umstände aufzuklären und sie sich genau anzuschauen.

Selbst die für Sie gefühlt schlimmste Verfehlung kann von Ihrem Kind ganz anders gesehen und bewertet werden. Das Wichtigste ist, dem Kind die Erlaubnis zu geben, die Situation für sich selbst so positiv wie möglich zu interpretieren.

Hinzukommt: Ein Geheimnis zu wahren, kostet Energie, die Ihr Kind von Ihnen benötigt, um wachsen und reifen zu können. Die Energie, die Sie für das Verheimlichen aufwenden, können Sie nicht in die Liebe für Ihr Kind investieren. Der langfristige Schaden, der durch eine lange Geheimhaltung entsteht, ist oft viel größer als der verhältnismäßig kurzfristige Schmerz der Offenlegung. Lügen generieren weitere Lügen. Eine Lüge »durchzuhalten«, gelingt nur eine gewisse Zeit lang. Nach und nach wird sie porös und Ihr Kind merkt das. Ich plädiere daher für eine schnelle Aufklärung.

Die Mitwisser: Mitgefangen, mitgehangen?

Eine besondere Situation entsteht, wenn die Familiengeheimnisse einen nicht direkt betreffen, man sie aber im unmittelbaren Familien- oder Bekanntenkreis mitbekommt. Hat man als »Mitwisser« eine Verantwortung? Wie weit reicht sie?

Einige von Ihnen gehören vielleicht einer Familie an, in der ein Familienmitglied zum Beispiel nichtehelich geboren wurde und einen anderen Vater hat, als es glauben gemacht wird. Wer hat nun die Verantwortung, das Geheimnis zu lüften? Ist man überhaupt autorisiert, darüber zu sprechen? Geht es einen vielleicht gar nichts an?

Das ist zugegeben eine schwierige Situation. Wenn man von einem Geheimnis nicht unmittelbar selbst betroffen ist, liegt es vordergründig auch nicht in der eigenen Verantwortung, es zu lüften. Ein klassischer Fall ist zum Beispiel, wenn das Kind eines Freundes oder Angehörigen adoptiert ist. Oder wenn im engeren Kreis ein Kind zur Adoption freigegeben wurde und die nachfolgenden Kinder, also Geschwister der betroffenen Person, nichts davon wissen sollen.

So ist es Betty zum Beispiel passiert, dass sie mit ihrem Mann bei ihrer Schwiegermutter zu Besuch war, als es klingelte und eine unbekannte junge Frau vor der Tür stand. Sie behauptete, dass sie von der Schwiegermutter zur Adoption freigegeben worden sei und nun gerne ihre biologische Mutter kennenlernen möchte. Die Mutter ließ die Frau nicht rein und sagte, dass sie kein Interesse an dem Kontakt habe. Bettys Ehemann, also der Bruder der jungen Frau, wusste vorher nichts von seiner zur Adoption freigegebenen Schwester und war sichtlich schockiert. Nachdem seine Mutter kein Interesse an einem Kennenlernen zeigte, solidarisierte er sich mit ihr und war genau wie sie nicht weiter an seiner Schwester interessiert. In der Familie wurde nie wieder darüber gesprochen. Betty ist seit dem Erlebnis verzweifelt. Sie hat den Wunsch, die adoptierte Tochter zu suchen und ihr von ihrer biologischen Familie mütterlicherseits zu berichten.

Menschen über Familiengeheimnisse ungefragt aufzuklären, ist in der Regel heikel, wenn man selbst nicht unmittelbar zum Familiensystem gehört und nicht beteiligt ist. Beobachtet man aber, dass es der betroffenen Person nicht gut geht und die Aufklärung helfen würde, kann man die Person, die aus eigener Sicht für die Aufklärung des Familiengeheimnisses zuständig wäre, meines Erachtens durchaus ansprechen. Man kann die Beobachtung schildern und formulieren, was aus Ihrer Sicht die belastenden Gefühle sind, die die/der Betroffene durch die Nicht-Aufklärung hat und welche positiven Gefühle bei der Person damit verbunden wären, wenn die Sache aufgeklärt würde.

Wenn die verantwortliche Person nicht bereit ist, das Geheimnis aufzulösen, können Sie sie auch direkt um eine Empfehlung bitten, wie Sie mit der Situation umgehen sollen. Vielleicht erlaubt sie Ihnen ja, das Familiengeheimnis selbst preiszugeben, wenn droht, dass Sie den Kontakt zur Familie sonst abbrechen, weil Sie die Lüge nicht mehr mittragen möchten.

Erlaubt man Ihnen nicht, das Geheimnis preiszugeben, und Sie haben den Eindruck, dass das schwere und vielleicht auch gesundheitliche Auswirkungen auf die/den Betroffenen haben könnte, würde ich an Ihrer Stelle entscheiden, den Kontaktabbruch zu riskieren und das Geheimnis eigenverantwortlich zu lüften.

Allerdings gibt es eine falsche Zeit, Menschen die Wahrheit zu erzählen: zum Beispiel bei einem Familientreffen, also vor vielen Menschen. Man sollte ein Geheimnis zuallererst mit dem Menschen, den es betrifft, in Ruhe besprechen. Man muss es dann auch ertragen und auffangen, wenn er wütend wird oder weinen muss. Deswegen macht es in jedem Fall Sinn, sich vorher fachlichen Rat einzuholen, zum Beispiel bei einer systemisch arbeitenden Psychologin oder einem systemisch arbeitenden Coach.

Dass es so weit kommt, wünsche ich niemandem. Wenn ein Geheimnis oder ein Tabu gar nicht erst entsteht, ist das natürlich am gesündesten. Wenn die Person, die das Geheimnis zu einem solchen gemacht oder das Tabu verhängt hat, es selbst lüftet, richtet das aus meiner Sicht am wenigsten Schaden an. Doch oft bringen diese Menschen den Mut dazu nicht auf oder leben nicht mehr. Muss die vom Geheimnis betroffene Person sich selbst darum kümmern, das Geheimnis zu entdecken und zu lüften, erfordert das oft große Anstrengung.

Diese Anstrengung bringt aber oft heilsame Kräfte mit sich. Aus meiner Sicht lohnt es sich immer, einem Geheimnis auf den Grund zu gehen. Ich wünsche allen gutes Gelingen, die sich mutig und stark auf den Weg machen, ihre Themen anzugehen.

Anhang

Wissenswertes zu rechtlichen Grundlagen

Menschen, die – von Tabus und Geheimnissen betroffen – auf der Suche sind und in ihrem Familiensystem aufräumen möchten, haben einige Möglichkeiten und werden in ihrem Anliegen auch durch entsprechende Rechtsgrundlagen unterstützt.

Das Recht auf Kenntnis der eigenen Abstammung

Zu den entsprechenden Rechten gehört beispielsweise das *Recht auf Kenntnis der eigenen Abstammung*. Diese sei von zentraler Bedeutung für die Identitätsfindung und damit für die Entfaltung der Persönlichkeit, hat das Bundesverfassungsgericht 1989 entschieden. Begründet wurde diese Entscheidung mit den Grundgesetzparagrafen eins (»Die Würde des Menschen ist unantastbar. Sie zu achten und zu schützen ist Verpflichtung aller staatlichen Gewalt«) und zwei (»Jeder hat das Recht auf die freie Entfaltung seiner Persönlichkeit«). Wenn zum Beispiel eine schwere Erbkrankheit in der Familie vorliegt, hat man das Recht, es zu wissen, bevor man sich entschließt, Kinder zu bekommen. Wenn man ein besonderes Talent an sich entdeckt, hilft es bei der Konstruktion eines Lebensentwurfs, wenn man darüber Bescheid weiß, dass dieses Talent offenbar in den Genen der Familie liegt.

Leider wird denen, die nichtehelich geboren wurden und bei denen die Vaterschaft nicht anerkannt wurde, dieses Recht nicht zuteil. Für eine Auskunft muss die Verwandtschaft zum gesuchten leiblichen Verwandten nachgewiesen werden.

Ich werde manchmal gefragt, ob eine Mutter aufgrund dieser Rechtslage auf Herausgabe des Namens des Vaters verklagt werden kann. Die Antwort ist Nein. Das Verfassungsgerichtsurteil wirkt gegen den Staat, nicht gegen Privatpersonen. Es gibt kein Recht darauf, sich diese Kenntnisse der eigenen Abstammung zu beschaffen, es schützt nur vor der Vorenthaltung erlangbarer Informationen.

Das Ausforschungsverbot

Während die Suche von Adoptierten nach ihren biologischen Vorfahren durch das Recht auf Kenntnis der eigenen Abstammung erlaubt ist, ist umgekehrt die Suche nach Adoptierten durch ihre leiblichen Eltern gesetzlich nicht zulässig. Der Grund dafür ist, dass sichergestellt werden soll, dass adoptierte Kinder nur von den annehmenden Eltern erfahren, dass sie nicht ihre leiblichen Eltern sind. Das wird durch das sogenannte Ausforschungsverbot geregelt. In § 1758 BGB steht: »Tatsachen, die geeignet sind, die Annahme und ihre Umstände aufzudecken, dürfen ohne Zustimmung des Annehmenden und des Kindes nicht offenbart oder ausgeforscht werden, es sei denn, dass besondere Gründe des öffentlichen Interesses dies erfordern.«

Hier gibt es eine Besonderheit: Bei dieser Gesetzgebung wurde nämlich nicht berücksichtigt, dass bei einer Heirat immer eine

Abschrift beziehungsweise ein Registerausdruck des Geburtsregisters (vor 2009 Abstammungsurkunde) vorzulegen ist. Diese Regelung soll sicherstellen, dass der Standesbeamte keine Geschwister miteinander verheiratet (die beispielsweise adoptiert sind). Dadurch passiert es leider immer wieder, dass Menschen, die von ihren Eltern nicht über ihre Adoption aufgeklärt wurden, gerade in der Zeit der Vorbereitung ihrer Hochzeit mit der Wahrheit konfrontiert werden.

Gesetz zur vertraulichen Geburt

Seit 01.05.2014 gibt es das Gesetz zur vertraulichen Geburt. Erst nach Ablauf von 16 Jahren hat das Kind das Recht, Kenntnis über die Identität seiner leiblichen Mutter zu erlangen. Wenn die Mutter Gründe darlegt, dass sie durch eine Offenlegung ihrer Daten ihr Leben, ihre Gesundheit oder persönliche Freiheit bedroht sieht, kann sie ihr widersprechen.

Erbberechtigung nichtehelicher Kinder

Die seit 1. April 1998 geltende erbrechtliche Gleichstellung ehelicher und nichtehelicher Kinder galt bis zum 29. Mai 2009 nur für Kinder, die nach dem 1. Juli 1949 geboren wurden. Aufgrund einer Entscheidung des Europäischen Gerichtshofs für Menschenrechte (EGMR) vom 28. Mai 2009 sind nun auch nichteheliche Kinder, die vor 1949 geboren wurden, erbberechtigt. Das Gesetz greift, wenn der Erbfall nach dem 29. Mai 2009 eingetreten ist.

Anspruch des Kindes auf Auskunft über die Identität des anonymen Samenspenders

Bei Samenbanken hat Anfang 2013 ein Urteil des Oberlandesgerichts Hamm für viel Aufruhr gesorgt. Der SPIEGEL zitiert in seiner Online-Ausgabe vom 6. Februar 2013 den Senatsvorsitzenden Richter Thomas Vogt:

»Das Recht auf Kenntnis der eigenen Abstammung«, so Vogt in der Urteilsbegründung, »ist ein fundamentales Recht.« Für einen jungen Menschen sei es entscheidend, die eigenen Eltern zu kennen, diese Möglichkeit der Persönlichkeitsentwicklung dürfe niemandem vorenthalten werden. »Wir spiegeln uns in unseren Eltern«, sagte der Vorsitzende Vogt. Hinter dieser Rechtsposition hätten Interessen des beklagten Arztes sowie Persönlichkeitsrechte der auf ihre Anonymität vertrauenden Spender zurückzutreten. Der BGH untermauerte dies in seinem Urteil vom 28. Januar 2015 und entschied darüber hinaus, dass das Alter der Kinder in diesem Zusammenhang zweitrangig sei.

Vor dem Hintergrund könnte die Altersbegrenzung von 16 Jahren für die Akteneinsicht in die Adoptionsakten (§9 Adoptionsvermittlungsgesetz) und das Recht auf die Einsichtnahme von Adoptierten in die Personenstandsbücher (§ 62 und § 63 Personenstandsgesetz) eventuell bald herabgesetzt werden.

Anlaufstellen und Beratungsmöglichkeiten

Wenn Sie sich dazu entschließen, sich auf den Weg zu machen, in Ihrer eigenen Familiengeschichte aufzuräumen, müssen Sie das nicht alleine tun. Es gibt zahlreiche Hilfsangebote, die Sie ganz praktisch bei Ihrem Anliegen unterstützen können. Wenn Sie mit sehr belastenden Themen befasst sind, hilft oft ein Anruf bei der Telefonseelsorge. Hier sind gut ausgebildete Fachkräfte am Hörer, die nicht nur zuhören, sondern auch tatkräftig weiterhelfen können.

Kostenfreie Telefonseelsorge: 0800 111 0 111, 0800 111 0 222 oder 0116 123

Wenn Ihnen klar wird, dass Sie eine Psychotherapie machen sollten, führt Ihr erster Weg Sie zu Ihrer Hausärztin oder Ihrem Hausarzt. Sie oder er schreibt Ihnen eine Überweisung für die Therapie. Sie müssen ihr oder ihm nicht die ganze belastende Geschichte im Detail schildern. Es genügt, wenn Sie sagen, dass Sie Schlafstörungen haben und das auf eine Belastung in Ihrem Familiensystem zurückführen, weshalb Sie eine Psychotherapie in Erwägung ziehen.

Mit dieser Überweisung haben Sie nun die Möglichkeit, bis zu sechs Psychotherapeutinnen und -therapeuten in sogenannten probatorischen Sitzungen kennenzulernen.

Wenn Sie adoptiert sind oder Kontakt zu jemanden aufnehmen möchten, der adoptiert wurde, dann hilft Ihnen die örtliche Adoptionsvermittlungsstelle des Jugendamtes.

Hier sind noch weitere Anlaufstellen für Sie:

Suche nach Kriegsvermissten und allgemeine Suche bei katastrophenbedingten Trennungen

Deutsches Rotes Kreuz: DRK-Suchdienst
(www.drk-suchdienst.org)

Auskünfte zu Opfern der NS-Verfolgung

Internationaler Suchdienst in Bad Arolsen
(www.arolsen-archives.org)

Auskünfte zu vermissten Zivilpersonen aus den früheren Vertreibungsgebieten

Kirchlicher Suchdienst (Unterlagen jetzt im Bundesarchiv: www.bundesarchiv.de)

Der Kirchliche Suchdienst hat seine Arbeit zum 30.09.2015 eingestellt. Die Unterlagen wurden dem Bundesarchiv (Lastenausgleichsarchiv Bayreuth) übergeben.

Auskünfte zur ehemaligen deutschen Wehrmacht

Deutsche Dienststelle für die Benachrichtigung der nächsten Angehörigen von Gefallenen der ehemaligen deutschen Wehrmacht.

Seit 1951 wird die damals sogenannte Wehrmachtsauskunftsstelle (WASt) als Deutsche Dienststelle (WASt) als Behörde des Landes Berlin geführt. Zur Zuständigkeit gehören unter anderem die Erstattung von Kriegssterbefallanzeigen, die Bescheinigungen zu Todeserklärungsverfahren sowie die Klärung von Vermisstenschicksalen, der Nachweis von Kriegsgräbern sowie Nachweise über Kriegsgefangenschaft. Seit 2019 werden die Aufgaben vom Bundesarchiv wahrgenommen.

Suche nach Kriegsopfern

Volksbund Deutsche Kriegsgräberfürsorge e. V.
(www.volksbund.de)

Über die Internet-Datenbank kann nach dem Verbleib oder nach der Grabstätte von deutschen Kriegstoten gesucht werden. Dort sind über 3 Mio. Verlustmeldungen abrufbar; die Datenbank wird laufend ergänzt.

Susanne Panter Herkunftsberatung gGmbH
Wir bieten praktische Unterstützung, Begleitung und Beratung im Prozess der Herkunftsklärung. Hier finden Sie neben der praktischen Hilfe auch Fortbildungen zum Thema und ein breit aufgestelltes Netzwerk von Fachkräften.
www.herkunftsberatung.de

Dank

Ich danke meiner Familie in beide Richtungen: Meinen Vorfahren, die mir die Ressourcen mitgegeben haben, meine Arbeit zu machen und dieses Buch zu schreiben. Und meiner heutigen Familie: Meinem Mann, unserem Sohn und meiner Mutter, die mich bei dem Buchprojekt liebevoll unterstützt haben, indem sie mir für die Schreibphasen den Rücken freigehalten und mir immer Mut gemacht haben.

Danke an die Agentur Rauchzeichen, die mich mit dem Kösel-Verlag verbunden hat.

Danke an Sandra Czech für das Lektorat. Sie hat so mitfühlend motiviert und mich in einer so wertschätzenden Weise begleitet, dass ich am liebsten gleich das nächste Buch mit ihr anfangen würde.

Danke an die Redakteurin Jennifer Wagner. Sie hat geordnet und strukturiert und den Text wie eine zuerst wildwachsende Hecke in eine gute Form gebracht.

Literaturverzeichnis

Bode, Sabine: *Die vergessene Generation. Die Kriegskinder brechen ihr Schweigen*, Stuttgart 2015

Bradshaw, John: *Familiengeheimnisse*, München 2015

Canakakis, Jorgos: *Ich begleite Dich durch Deine Trauer: Förderliche Wege aus dem Trauerlabyrinth*, Freiburg im Breisgau 2013

Chen, Alon/Zhao, Liyang: »Epigenetik: Wenn wir Traumata vererben«, https://www.dw.com/de/epigenetik-wenn-wir-traumata-vererben/a-50547821

Cyrulnik, Boris: *Scham – Die vielen Facetten eines tabuisierten Gefühls*, Bielefeld 2018

Haarmann, Claudia: *Kontaktabbruch in Familien*, München 2019

Hickey, Birgit: *Wie die Familie unser Leben bestimmt – Genogramm und systemische Aufstellungen*, Heidelberg 2022

Hickey, Birgit: »Hintergrund zur Medizin und - Familientherapie«, http://www.birgit-hickey.de/Tree_(systemische_Medizin).html

Hüther, Gerald/Krens, Inge: *Das Geheimnis der ersten neun Monate: Unsere frühesten Prägungen*, Ostfildern 2007

Kast, Verena: *Trauern, Phasen und Chancen des psychischen Prozesses*. Freiburg im Breisgau/Stuttgart 2020

Knoll, K.-D., & Rehn, P. D.-L.: *Studie über den Adoptionserfolg und die psychosoziale Integration von Adoptierten*, Nürnberg 1985

Konrad, Sandra: *Das bleibt in der Familie: Von Liebe, Loyalität und uralten Lasten*, München 2014

Kriz, Jürgen: *Systemtheorie für Coaches: Einführung und kritische Diskussion (essentials)*, Wiesbaden 2016

Kübler-Ross, Elisabeth: *Interviews mit Sterbenden*, München 2014

Kühn, P.: *Zukunft wächst aus Herkunft: Adoptierte suchen ihre Wurzeln die biografische Aneignung der Adoptionsgeschichte*, Stuttgart 2015
Levend, Helga/Janus, Ludwig: *Drum hab ich kein Gesicht*, Würzburg 2000
Levine, Peter A.: *Trauma-Heilung, das Erwachen des Tigers*, Essen 1998
Liedloff, Jean: *Auf der Suche nach dem verlorenen Glück, Gegen die Zerstörung unserer Glücksfähigkeit in der frühen Kindheit*, München 1999
Lorenz, Konrad: *Vergleichende Verhaltensforschung – Grundlagen der Ethologie*, Wien 1995
Rosenberg, Marshall B.: *Gewaltfreie Kommunikation: Eine Sprache des Lebens*, Paderborn 2012
Soll, Joe: *Heilungsprozess für Adoptierte*, im Eigenverlag 2015
Spiegel, Yorik: *Der Prozeß des Trauerns: Analyse und Beratung*, Gütersloh 1995
Spitzer, Manfred/Bonenberger, Martina: »Social Pain – Why they do not hurt and what follows« in: *Nervenheilkunde*, Ausgabe 31 2012, S. 761–764
Vaas, Rüdiger: »Gedächtnis«, https://www.spektrum.de/lexikon/neurowissenschaft/gedaechtnis/4050 2000
Wolynn, Mark: *Dieser Schmerz ist nicht meiner: Wie wir uns mit dem seelischen Erbe unserer Familie aussöhnen*, München 2017

Über die Autorin

Susanne Panter ist ausgebildete Mediatorin und hilft seit mehr als 20 Jahren dabei, dass Familienangehörige wieder in Kontakt kommen, wenn dieser verloren ging. Sie gründete Deutschlands ersten privaten Personensuchdienst und hat bisher rund 4 500 Einzelschicksale betreut. Von 2016 bis 2022 entstand die Reihe »Die Aufspürerin«, bei der sie vom SWR regelmäßig mit der Kamera begleitet wurde. Es ist für Susanne Panter jedes Mal ein Herzensprojekt, anderen zu helfen, die weißen Flecken in ihrer Biografie mit Farbe zu füllen. Deshalb ist »Im eigenen Leben zu Hause sein« das Motto ihrer gemeinnützigen Firma, der »Herkunftsberatung«.

www.herkunftsberatung.de

FSC
www.fsc.org
MIX
Papier | Fördert gute Waldnutzung
FSC® C014496

Penguin Random House Verlagsgruppe FSC® N001967

Umschlag: FAVORITBUERO, München
Umschlagmotiv: © DEEPOL by plainpicture
Redaktion: Jennifer Wagner
Satz: Satzwerk Huber, Germering
Druck und Bindung: GGP Media GmbH, Pößneck
Printed in Germany
ISBN 978-3-466-34799-5

www.koesel.de